それでも中国で儲けなければならない日本人

高澤真治
Shinji Takasawa
高澤商務顧問有限公司
会長兼社長

SEIKO SHOBO

〔装幀〕フロッグキングスタジオ

はじめに

杜の都・仙台の高校を卒業したばかりの私が、バブル経済崩壊の足音を感じ、中国を志して約二〇年になる。その間、北京大学への留学を経て、上場企業の一員として香港、上海、北京、広州と主要都市に駐在し、中国ビジネスの熾烈な最前線を経験した。その自らの体験や「目と耳で集めた情報」をもとに、中国ビジネスに関する自分なりの考え方をまとめてみたいと考えて筆を執ることにした。

私を突き動かしている〝思い〟は日本の将来への危惧である。中国への固執でも日本だけへの固執でもない。

誇りある素晴らしい日本が、世界の枢要な一角を占め、世界と協調しながらこれからも永続していけることを望んでやまない。その最も重要な〝キー〟の国の一つが中国であり、さらには中国人であり、中国市場でもある。安易なブームととらえてはいけない。

中国に滞在しているこの二〇年には、さまざまな歴史的イベントや事件に遭遇した。天安門事件後の社会主義市場経済の導入。世界マネーが怒濤のごとく押し寄せた中国は「世界の工場」となり、グローバル競争の縮図がここに生まれた。

一九九〇年代半ば以降、製造拠点としての「世界の工場」が名実ともに完成されると、それと歩を合わせるかのように過激な反日メディアの報道があふれ、私は心を痛めた。

中国の偉大な総設計師《デザイナー》であり、最高実力者でもあった鄧小平《ダンシャオピン》の死、そして香港返還が一九九七年。二〇〇一年には世界経済の心臓部であるニューヨークを襲った同時多発テロ。その翌年には、感染症SARS《サーズ》が中国全土で猛威を振るい、多数の死者が出た。私も危うく命拾いした。その悪夢の余韻も冷めやらぬうち、気がついたら反日運動の大波が押し寄せ、ビジネスの現場は舵取りに苦戦することになった。

中国では今も数々の日本企業が〝進出〟と〝撤退〟を繰り返している。中国企業も雨後の筍のように誕生しては消えていく。中国経済はさまざまな難題を抱えながらも「世界の市場」としての道を突き進んでいる。

世界の中で、日本は特殊な国である。特殊な国であるからこそ優位性を維持できたのだし、アメリカ依存で経済成長に専念できた。持ち前の日本精神で世界の経済大国にまでのし上がった。しかし、特殊は特殊である。世界総人口の二パーセントにも満たない少数派でもある。今の日本のスタイルで世界に挑むにはいささか限界がある。大和魂とか武士道といった精神論だけでは世界と太刀打ちできない。

世界をリードしてきた技術大国、他国に類を見ない気配りのサービス大国、独自の芸術文化、オタクが憧れるサブカルチャー大国というポジションに安穏としていては、時間とともに日本丸の船体は揺らぎ、沈没の道をたどってしまう。

日本が持つ多くの長所と、私たち日本人の経験を有効に活用して、もっと誇れる日本を創出できないだろうか。明るい将来をデザインできないだろうか。

世界は広い。なかでも中国は世界人口七〇億の約二割を抱える超大国である。この国を無視した国際社会はあり得ないし、政策もあり得ない。日本はこの国にもっと関心を持つ必要がある。膨張し、拡張していく中国経済を目の当たりにしてきた私は、それを強く訴えずにいられない。

個人のパフォーマンスが強い中国人だが、善良でおおらかで素晴らしい中国人にもたくさん出会った。中国でのビジネスの厳しさを心底から味わったし、華北、華中、華南、西部、それぞれの地域の環境や慣習の違いも体験できた。各地を飛び回り、雄大で、悠久な歴史を持つ中国の文化遺産に触れて癒《いや》された。

バブル崩壊、ITバブル崩壊、そして金融危機に見舞われながらも、ようやく持ち直し始めたかのように見える日本ではあるが、驚くほど多くの問題が山積みされている。少子高齢化、大失業・就職難は言うに及ばず、犯罪の凶悪化、家庭の崩壊、教育現場の崩壊、過労死の増大、東京と地方の経済格差、ニートの増殖。

虚しい限りではないか。これほど物質的に豊かなのに。

日本の未来図が描けなければ、若者も活気づくことはない。ここ数年で大量に退職していく団塊の世代には、まだまだ元気で働ける人たちも多く、それはそれで結構なことなのだが、次代を担う若手にパワーがみなぎり、そのパワーを生かす精神力が戻らないと、日本の将来は危うい。

中国は対照的に、活気に満ちている。エネルギッシュに躍進している。中国大陸の沿岸都市には高層ビルが林立し、高級スーツにネクタイ姿のビジネスマンであふれている。だが、一歩路地に入れば、サンダル履きでコンビニへと向かう庶民の姿も垣間見られる。一三億とも一五億ともいわれる人々の息吹きが地殻変動を起こし、うねり、うごめいている。加えて、世界中の人間、世界の名だたる企業が集まり、中国を舞台に熱いグローバル競争を展開している。

この大国に呑み込まれることなく、混沌とした中国の成長をむしろ好機ととらえなくてはならない。日本の素晴らしさを徐々に浸透させ、また一方で、中国のうねりをうまく受け止め、共生していく必要がある。アンバランスな中国の成長ぶりをよく見つめ、いわば上手に〝玉乗り〟をするのだ。世界経済の中で、アジアの一体化を形成し、安定した経済圏を確立することこそが日本の付加価値を上げ、夢と希望を持てる将来につながる。

日本は島国である。四方は海である。逃げられない。市場は限られていて、飽和状態。しかも人口は減少していくのである。日本の国内市場はたしかに大事であり、その中での切磋琢磨ももちろん重要だが、それだけでは世界の流れから取り残され、孤立する。

日本人は、もっと世界で〝勝負〟してみるべきである。相手は欧米ばかりではない。中国で挑戦する日本人がもっと増えていい。中国人は、歴史的理由もあるが、世界に挑み、各地に居場所を作っている。その闘争心、生命力は日本人とは比較にならないほどだ。

この先の日本に、戦後経済の五〇年のような輝かしい成長と発展はないということを自覚し、隣りの中国を冷静に再認識して、この大国と共生するべきである。中国にただ利用されるだけではなく、こちらも活用しなくてはならない。世界はアメリカ・ヨーロッパだけではないのである。この西側社会と中国との関係構築にバランスをとること。中国への浸透と深耕を図り、市場を拡大していくこと。そして、あふれるほどの中国のパワーを活用し、日本の内需を活性化することへつなげなければならない。

中国に携わり、これから中国で事業を始める方、駐在する方、すでに中国関連の仕事をしているものの、うまくいっていない方、壁にぶち当たっている方はもちろんのこと、中国に興味のある方、留学したい方、旅行してみたい方など、より多くの日本人に中国へのリアルな関心を高めてほしい。中国の「現場・現実・現象」をつかんでほしい。それがまた、中国の日本への関心を高めることにもつながるのである。

　留学生時代の私は、学生、庶民、生活者の視点に立っていた。駐在員となった私は、香港、上海、北京、広州に滞在し、延べ数万人の中国人と会話してきた。そうした私の「目」から見た中国社会、そして中国人とのつき合い方を、断片的ではあるかも知れないが、述べてみたい。この本には、数多くの「中国ビジネスで儲かるヒント」が随所に隠されている。じっくり読んでいただきたい。

　もちろん、さまざまな中国観があっていいと考えている。それくらい中国は広大であり、一言無尽である。だから、私のこの本も是非、見聞録として参考にしていただき、読者それぞれの価値観、目的に合わせて、中国・中国人とより上手な交際を広げていただければ、と願う。

　私は中国への安易な投資や日中経済の促進を煽っているわけではない。世界の大国にうまく溶け込んで、日本国と日本人のプレゼンスを確保し、国際社会で協調、共生しながら名誉ある地位を得てほしいのだ。そのためにも日中の経済促進、両国の人材が橋渡しとして活躍してくれることを望んでおり、真の日中友好を、そして世界の平和を願ってやまない。

二〇一一年三月

高澤《たかさわ》真治《しんじ》

〔目次〕

〔第二章〕消費に目覚めた中国人が経済発展を支える

〔第三章〕中国2010年代のキーワードは「品質」

〔第四章〕 同じような顔でもこれだけ違う中国人と日本人

〔第五章〕 中国ビジネスに必要なのはまず「自己主張」そして「体力」

それでも中国で儲けなければならない日本人へ

〔中国人と円滑につき合うための10箇条〕

〔1〕褒めて褒めて褒めまくる。欠点、課題は客観的に指摘すると効果的。

〔2〕中国人は同郷志向が強い。出身地を確認し、できる限り、その地方を話題にする。

〔3〕イエス、ノーをはっきり言う方が効果的。遠慮謙遜は必要に応じて。

〔4〕ご飯を一緒に食べに行く。それが中国理解の第一歩。

〔5〕中国語がわからなくても、一言二言でも覚えて、しっかり伝える。大きい声で大胆に。それだけでも気持ちは通じる。

〔6〕日本と中国の間には、まだまだ偏見も無理解も相互に多い。
冷静に客観的に伝える姿勢を持つ。

〔7〕中国の変化は激しい。目まぐるしく動き回る中国人とつき合うなら、
多少のことではへこたれない粘り強さを持つこと。

〔8〕利は利で終わるが、中国人も同じ人間。
本当の友人関係を築けば、親身になって助けてくれる。
時として、日本人よりもおおらかさがある。関係構築には時間と投資が必要。

〔9〕自分の言動は日本人を代表しているという自覚を持つ。
大半の中国人にとっては、外国人と接することはまだまだ珍しく、
一挙一動に注目しているのである。

〔10〕違いを認める寛容さを持つ一方で、自らの意見は堂々と主張する心がけが必要。

〔第一章〕

中国という「壮大なる混沌」を理解する

「広大高深な国」の素顔を知るために

中国は「広い（国土）、大きい（人口大国）、高い（山脈と文明）、深い（歴史と伝統）」国である。その中国と日本は有史以来、一衣帯水《いちいたいすい》の関係である。

日本人は今の中国にどのようなイメージを持っているのだろうか。

「歴史が長く、広大な国……」は何となく誰もが認識しているだろう。身近なキーワードは、ラーメン、餃子、飲茶といった中華料理。一三億を超え、一五億に達するとも言われる「人口大国」。農村と都会の経済格差を抱える「貧富社会」。

かつて、北京の天安門前広場と言えば「自転車天国」のイメージだったが、今やモータリゼーションの発達で「世界的マイカー大国」でもある。ただし、道路は拡張するも自動車の急増がそれをはるかに越え、運転者のマナー教育も追いつかず、とんでもない渋滞に日々見舞われている。当局はナンバープレート発行数を制限するなど対策を講じてはいるが、都会で働く中国人の苛立《いらだ》ちが解消される日ははたして来るのだろうかと心配になるほどである。

日本人のさまざまな声が聞こえてくる。

「二〇〇八年の北京オリンピックが終わったと思ったら、二〇一〇年は上海万博で大騒ぎだ」

「上海？　行った行った！　結構、いやうちの田舎より全然都会だ。小龍包《ショウロンポー》うまかったよ」

「そう言えば、香港にできたディズニーランド、行ったことある？　上海にもディズニーランドができるんだってね」

「北京ね。現代的なビルが立ち並んで、かたや故宮や紫禁城、万里の長城と、新旧が混在する北京。オリンピックを経て、すっかり都会になった」

各メディアもいささか困惑気味である。

「世界の工場であり、豊富な外貨準備高を備える貿易大国であり、今やＧＤＰも世界第二位にのし上がり、政治大国から経済・軍事大国の道をひた走る」という感嘆と「そのパワーで日本を圧迫し始めている。どうなることやら」という畏怖《いふ》が日本国内の報道にもあらわれている。

私は留学と駐在を合わせ、この約二〇年、中国全土を駆け回っている。二〇〇一年～二〇一〇年の間は、香港、上海、北京、広州《グァンヂョウ》と駐在した。しかし、中国の大きさと深さの中で、今もこの国をつかめているようでつかみきれず、「中華」の名の下に、すべてが砂上の楼閣のように消えてなくなる気さえする。

この国を少しでも理解しようと思えば、とにかく見聞を広めること。ネットワークという窓口をより多く持ち、その窓から見える景色が断片的であっても、精緻に観察して、そこから全体を推察していくしかない。文献を読んだだけで理解できるような国ではない。「百聞は一見にしかず」どころか、二見や三見でも全然足りない。それくらい大きい。

私は友人たちに「今の中国ってどう？　どんな国？」と尋ねられるたび、こう答える。

「中華鍋をイメージして欲しい。今の中国は大きな中華鍋みたいなものだ。

中華思想、中国大陸という中華鍋。現代化を進める中華鍋。しかも何千年という年季が入っている……。

人間が飯を食うために、鍋は必需品。戦乱に次ぐ戦乱を生き抜いてきた彼らは、材料の調達法、調理法に長《た》けている。その時代時代の中で、生き抜く術を伝承してきた。中華鍋は火加減が生命。また、具が多すぎても大きすぎても具合が悪い。炒めている間に四方八方に飛び散ってしまうではないか。すべからく、料理は加減、つまり按配《あんばい》が大事なのだ。

豚、鶏、牛、大豆などの具材、それに燃料も足りなくなったら、外（外国）から買えばいい。中華料理は世界中で愛されているから、国外へも進出する。今の中華鍋には、世界中の具材が入っている。火加減次第で、進出も調整できるし、〝味〟も調整できる。どんな味にでもできる。それが中華鍋の凄さだ。ただし、調理人の腕一つで味が変化する。味が悪ければ食べる人間はいなくなり、調理人は追放されてしまう。調理人も必死なのだ」

「貧富の階層社会国家」それが現代中国

現在の中国はまだまだ発展途上の段階にある。

世界第二の経済大国になったとはいえ、一人当たりのGDPは先進国の一〇分の一、二〇分の一である。とんでもない巨富を手にした富裕層がクローズアップされ、中間層もにわかに増えてきたとはいえ、こうした中国人は全体のまだまだ一握りだ。マイホームすら買えない人が圧倒的多数を占めているのである。北京、上海、広州、深圳《シェンヂェン》といった大都会ばかりが脚光を浴びるが、光には影があり、「貧富の階層社会」が形成されている。

都市と農村ではさらに貧富の格差があるから、中国の所得層をより重層的にとらえなくてはならない。そして、エリアは広い。面としての違い（風土、景色）、文化の違い（言語、慣習）を認識し、基盤や背景が異なるエリアの集合国家であることを忘れてはならない。

北京語を主体とする普通語（共通語）はあるものの、上海語、広東語、客家《ハッカ》語などの方言バリエーションを抱える多種多様言語社会である。そして、それぞれの言語の使用地域で貧富の差が拡大している。人口は公称約一三億人。漢族の他、ウイグル族、チベット族等、五六もの民族が同居している状況は、日本人には想像を絶する。

私はある冬に東北地方ハルビンへ出張したが、気温は氷点下二〇℃。羽毛の帽子をかぶり、厚手のコートで身を固めても、呼吸も苦しいくらいに寒い。

極寒の冬には「氷祭り」の祭典が開かれる。街の中心は夜でもネオンが輝き、活況を呈しているが、車で二〇分も離れれば、しんとした空気の中に掘っ立て小屋のような昔ながらの軒屋が連なっている。ここでは白菜を食べ、冬を越すだけで精一杯なのである。

翌日、そこから飛行機に乗って深圳へ向かったが、着いた途端、気温は二二℃。薄手のスーツ姿でも、しばらく歩くと汗が噴き出す。北から南まで、体感で高低四二℃の開きがあるのだから、そこで生きている人間の慣習や生活スタイルはまるで違っていて当然である。

この深圳は香港に隣接しており、改革開放の重要経済特区として知られる。いわゆる「世界の工場」の先駆け的都市である。もともとは漁村からスタートし、改革開放三〇年を経た今では、流動人口も合わせると八〇〇万人とも一〇〇〇万人とも言われる人口密集地となっている。市街は香港や台湾、そして世界中からの投資を受け、近代的な超高層ビルが立ち並んでいる。しかし、こちらも車で一時間も離れれば、原始的な商売で身を立てるしかない貧困地域が数多くある。

マンションに匹敵するほど高価なベンツやBMWを颯爽《さっそう》と乗り回すセレブと、ポンコツの中国製バイクでトコトコ移動する庶民が、同じ大都市内に同居している。中国の発展している沿岸都市だけを見ても、これだけの〝明暗〟がある。

人件費の高騰が呼ぶオートメーション化

最近では人件費の高騰が足かせともなっている。改革開放の恩恵を受け、世界から投資を集め、世界の工場として発展したこの深圳であるが、現在は人手不足にあえぐ。もちろん、深圳のみならず、広州、珠海《ジュハイ》などの大都市にも同じ現象が見られる。というのも、出稼ぎ労働者のメリットが薄れてしまったためだ。

一昔前は農村から出稼ぎに来て、一所懸命に働けば、実家への送金もできるゆとりがあった。今は違う。食料品などの急激な物価上昇に加え、住宅バブルで家賃が高騰。郷里と都市を往復する交通費も安くはない。給料が上がらなければ、出稼ぎのメリットはもうないのである。最近の頻繁なストライキもそういった背景を反映しているようだ。

ケーブルメーカーの中国人総経理（社長）は言う。

「現在は田舎も経済が潤い始めている。発展が沿岸都市から内陸へ移行し始めている。都会よりは給料が安いとはいえ、田舎でも仕事はあり、実家から通勤できる利便さも大きい」

だからワーカー（労働者）も強気になりつつある。一方、人手不足は「生産の自動化、無人化」を加速させていく。人件費の高騰、不安定な労働力、そして、一人っ子政策の結果として生まれた「坊ちゃん嬢ちゃん」の耐性の欠如も背景となって、管理がうまくいかず、能力のばらつきが目立つようになった。

ある地方出身の中国人経営者は語る。

「とにかくできるだけ自動化を進めなくてはならない。品質維持と人件費の抑制のためだ。これ以上、深圳での工場拡張はむずかしいから、第二工場は周辺地域か地方を検討している。地方といっても、インフラも整い始めており、一五年くらい前の、自分が深圳に進出した頃とそっくりの環境ができつつある。地方なら、人件費も三〇パーセント以上安くできるしね」

かつて日本が歩んできたオートメーション化の波が、中国沿岸都市を中心に押し寄せつつあり、工場の周辺地域への移転や地方（田舎）への回帰はすでに始まっている。そうしたドーナツ化現象はどの沿岸都市も同じである。日本とは異文化とはいえ、この中国の動き、流れの中で、日本の知恵と経験をもっと生かせないものだろうかと私は考えるのである。

日本へますます浸透する中国・中国的なもの

ところで、日本人は白人と横文字に弱い。白人がもたらす舶来物にはめっぽう弱いのに、中国人やアジア人となると、心のどこかで見下す傾向がある。これは明治維新後の富国強兵と欧米に追いつき追い越せという国策の結果であり、欧米のモノはいいモノという認識が定着したためである。欧米を手本とした日本が、戦前までアジアにおける優位を確立していたという歴史的背景も大きい。

しかし、遠い歴史を振り返れば、日本は中国から多くを学び、吸収している。日本人が普段使っている漢字。古墳時代から明治維新前までの官僚制、建築様式……。餃子、ラーメン。中国がルーツのものが実に多い。明治維新後の日中の逆転現象は長い歴史の中での〝一コマ〟でしかない。そして、二一世紀の今、再び中国的なものが日本進出を加速させ、浸透しているように思えるのである。

日本へ進出した中華料理は、完全に市民権を得た。外食でも自宅でも、週に数回は中華料理もしくは中華風の料理を食べるのが一般的である。日本人の日常生活に溶け込み、定着しているのだ。

貿易商を営む中国人の友人（男性）は、この現実を次のように語ってくれた。

「中華料理は中国数千年の歴史と文化の象徴だ。東京の街を五分と歩かないうちに中華料理やラーメンの看板が目に入る。もちろん味は日本人好みにアレンジされているけど、これだけ中華が浸透している国は珍しい。日本人は中華料理、つまりは中国の歴史と文化を尊重してくれているね」

中国人が嫌いだという日本人はいても、中華料理が嫌いだという日本人は少ないはずだ。現在の日本では、多くの中国食材や調味料、そして、ウーロン茶、ジャスミン茶などの中国茶が日本流にアレンジされ、さらに浸透している。

最近では、北京ダックなどの本格高級中華を提供する中国の老舗《しにせ》レストランやチェーン店の日本進出も加速している。

「したたかさ」は対日本人だけではない

「中国人はしたたかだ」とイメージする日本人は多い。また、民族的、経済的に優越感を持ちたがり、また自尊心を保ちたいがためにも、中国を見下している日本人が少なくないことは確かであろう。横並びの安心感を求め、異質な存在を認めたがらない日本人の習性では、中国人を理解するのはむずかしいかも知れない。

ビジネス上では慣習の違いや言葉の壁があり、トラブルは日常茶飯事だから、嫌なイメージを持つビジネスマンの気持ちはよくわかるし、私自身も苛立《いらだ》ちの連続であった。しかし、中国人のビジネス手法は決して日本人に対してのみではなく「全方位」、つまり「中国人に対してもその他の外国人に対しても」同じなのである。このような価値観の違いを認識してしまえば、多少のイライラは解消される。理解したうえで、ではどのように対処するか、それが肝要なのである。

一方、「日本人はしたたかではない」というイメージも時代錯誤ではないか。金融危機後の大不況を受け、ある日本の中堅設備会社の社長はこう語っている。「今や日本人もだまし合いだ。仁義や紳士協定なんてもうない。食うか食われるかだ。赤字でも何でも注文を取らなきゃ生き残れない……」

自分さえよければいい、というのが資本主義の基本だ。未来の見えない日本。ゆとり教育を受けた若者は、目標を持てずに虚無的になるか、その裏返しで図太くしたたかになるか、そのどちらかである。生き残るための技＝したたかさという、中国同様の感覚と処世術が日本でも波状的に広がりつつある。

都合が悪くなれば、キレイ事は言っていられない。したたかさの性質は違うだろうが、日本人でも衣食が足りなければ、無秩序化するのは同様ではなかろうか。サバイバルには恥も外聞も捨て去るのが当然だ。しかし、中国人は衣食足りてもなお「したたか」なのである。

発展途上である今の中国には〝勢い〟があり、生きる術を受けついでいる中国人のしたたかさは今後も変わらないであろう。これは中国の歴史を見れば納得できる。「何が起こるかわからない」「いつ制度や法律が変わるかわからない」のだから、金持ちになってもそのしたたかさは消えることはない。根底にあるのは〝不信〟である。

一方、ほとんどの中国人はまだまだ生きることで精一杯である。つまり「歯を食いしばる」したたかさがある。この一三億人以上の競争社会で、彼らも悩み、日々の生活で必死である。たとえば、最近ではさすがに少なくなったが、路上で、腕のない障害者が露骨にそれを見せつけ、「恵み（金）」を必死に請う。あるいはボロ布のような衣類を身にまとった「乳飲み子」を抱えた母親が「お金をちょうだい」と迫ってくる。貧乏を装った詐欺師も数多い。私もやられたが、本当にたくましいのである。

「衣食足りて栄辱《えいじょく》を知る」という中国の言葉がある（一般には「礼節を知る」と流布《るふ》している）。経済の発展に伴い、中国人も中間層やホワイトカラーを中心に、モラルや品格が向上傾向にあることは事実なのだが。

「安かろう悪かろう」の時代は終わった

日本社会では「中国が」というより「中国的なもの」が着実に市民権を得てきたようである。東京の繁華街を歩けば、中国語が普通に聞こえるし、中国人のアルバイトの数も増えた。優秀な中国人正規社員も増加している。英語には及ぶべくもないが、中国語を学習する日本人も増え、中華学校へわざわざ入学する人もいる。

何といっても、街には中国製品があふれている。食器、衣服、高級ブランド物。そして、魚、野菜といった生鮮食品。洗濯機、冷蔵庫などの家電。「安かろう悪かろう」の時代は終わったのだ。良質しかも価格の安さでは、中国に下駄を預けた方がよさそうである。関税アップの措置がとられても、中国製品の日本への普及はこれからも続くであろう。

確かに次はインドだ、ベトナムだ、ロシアだといった将来の潜在市場があることは間違いないし、リスク分散も経営手法としては当然である。しかし、食生活や輸送も含めた移動距離を考えれば、中国の魅力は群を抜く。また、中国の人口に注目すれば、優秀な労働力が、今後、数十年以上は供給されるはずだから、「メイド・イン・チャイナ」の存在感はこれからも日本社会で消えることはないだろう。

政治リスクを心配する日本人も多いが、もはや中国という国と人の存在なしには日本経済は立ち行かないし、中国大陸の巨大な市場は今後も存在するのである。都市部の物価や賃金の上昇は避けられないが、ちょっと内地に行けば、人口数百万クラスの中級都市は数百にものぼり、一日も早い外資の進出を待っているのである。

「日本は経済大国だ。中国なんぞに……フザケルナ！」

と憤慨する日本人駐在員もいる。今なお日本はアジアでも抜きん出た優等生であると大威張りの日本人も多い。古今東西、隣国同士は不仲なものである。

しかし、国際的分業の時代と認識して、上手にバランスを取るしかないのだ。日本で、月給二万円で奉公してくれる若者がいるだろうか。確かに物価の違いはあるとはいえ、現実を直視すべきなのである。豊富で廉価であり、また優秀なワーカーを擁する中国には、規格大量生産ではもう勝てない。

日本は中国製品の恩恵を受けている。これは、中国から日本への輸出総額を見れば一目瞭然である。それらは日本人の身近に着実に浸透している。衣類のタグを見れば、中国製と記されているではないか。以前であれば、メイド・イン・チャイナも韓国も台湾も香港も同じ「やすもん」と見下していたものだが、今では（時々イレギュラーはあるとはいえ）これらの生産国も進歩し、中国製でも充分に安心できるようになったのである。

「中国は本当に脅威なのか」を検証する

「中国脅威論」が巷《ちまた》を席巻して久しい。経済的な脅威、外交的な脅威、軍事的な脅威、日本のマスコミはこぞって中国脅威論を煽り立てている。

だがその前に、私としては、何よりも中国人の旺盛な食欲に驚嘆せざるを得ない。毎日のニュースを見ていると、なおさら痛感する。中国のマグロ漁獲量が増えたのは事実である。とにかく彼らはよく食べる。刺身だって寿司だって食べる、つまり、生《なま》で食するという慣習のなかった中国が、この一〇年で劇的に変化しているのだ。

都会では、中国風にアレンジされた回転寿司店が客を集め、日本式ラーメン店も人気がある。日本食の店は増える一方である。健康志向の高まりと食の多様化がその背景にある。かつては見向きもしなかったチーズ類を食べ始めたのも最近のことで、都会の若者を中心にピザが大人気となっている。もともと「食は中国にあり」と認知された国である。ヘビもサソリも、何でも食材にしてしまう中国人を見ると、本当にたくましいと思えるし、その健啖ぶりは確かに脅威である。

日本に押し寄せ、家電をまとめ買いし、不動産を買い漁る中国人が増えた。この一〇年で中国人の懐具合は大きく変貌し、銀座でも秋葉原でも、観光地や温泉地でも、中国の富裕層が落としていく金は軽視できなくなっている。しかし、それを〝脅威〟といえるかどうかである。

韓国大手自動車メーカーの幹部は、私に語ってくれた。

「中国人富裕層の買い物ツアーなんて、韓国でも同じだよ。今、日本人旅行客より金を落としてくれるのは中国人富裕層だ。中国人こそ上客だよ」

韓国における中国語学習熱も高く、北京に留学している韓国人の数は、日本人の数を大幅に凌駕している。「韓国村」がつくられ、すべて韓国語で事足りる地域もある。中韓両国の経済関係は今後も密接になっていくだろう。

また、上海在住のサービス業の上海人社長は次のように語ってくれた。

「東京での買い物より、シンガポールで金を使ったよ。不動産はオーストラリアでも購入した。日本は自然がきれいで魅力的だけど、何かと面倒だね」

中国温州《ウェンヂョウ》人のドバイ不動産買いツアーも記憶に新しい。

全方位外交を展開している中国人は、日本だけでなく全世界に目を向けている。日本にとってだけ、中国は脅威なのではない。このことを忘れてはいけない。

相手の出身地を見分けるのがビジネスの第一歩

普通語（北京語を基本にしている）という共通語はあるものの、北京語、上海語、広東語と大きく分かれるように、エリアによって、気候、文化、思考、価値観はまるで違う。だから「中国人」と一括《ひとくく》りにすべきではない。「何人《なにじん》か？」つまり、北京人か、上海人か、広州人か、という見方で接することが正しいと言えるし、中国でビジネスする日本人もそういった感覚と視点で臨む必要がある。

日本に複数ある「大新聞」にしても、その社説はよく読むと〝右寄り〟であったり〝左寄り〟であったり〝中立〟であったりする。新聞という公器であっても、中身は社によって結構違う。中国人も同じであり、「何人か」で大きく違うことを認識しておく必要がある。交渉する際はその相手の出身地をよく理解し、そのエリアに根ざした戦術、対処法を使い分けることが不可欠だ。ビジネスの第一歩は相手が「何人か」を知ることである。

都会に出てきた地方出身者は、いわゆる普通語に訛《なま》りを加えて話すが、同郷の者が集まると、俄然、方言で話しだす。周りを気にする素振りなど見せずに大声で談笑する。それくらい地元意識、郷土愛が強いのである。

日本であれば、東京に出てくる地方出身者は標準語で話せないと気恥ずかしく、差別を受けるのではないか、くらいの劣等感があるものだ。「特に一昔前はひどかった」と、茨城出身の六〇代の経営者が語ってくれたことがある。「本当に恥ずかしくて仕方がなかった。毎日、外国語を勉強するみたいに標準語に近づけるよう努力したものだよ」

中国人の地方出身者で、これほどの劣等感を持つ者はいない。なぜなら、やはり地元志向が強く、故郷への愛着が強いからだ。家族、友人に対する愛着も人一倍である。そもそも、都会の労働力は地方出身者で成り立っている。同郷の出身者が何十万人も何百万人もいるのだから、気にする必要もないのである。

まだまだ無限に存在するビジネスチャンス

一九七八年に始まった改革開放政策は、毛沢東時代の大躍進運動と文化大革命以降の疲弊した中国経済を復活させるためにスタートした。これはとりもなおさず、中国自身の「自力更生」の限界をさらけ出すことになったが、なりふり構わず外資を導入して、中国経済のテコ入れを図ったわけである。

総設計師・鄧小平《ダンシャオピン》は、経済を活性化しようと「社会主義市場経済」を導入した。「先豊論《せんぷろん》」や「一国両制」（一個国家・両種制度。香港、マカオのように中国本土から分離した地域の一定の自治を認める制度）に代表される手法は、イデオロギーよりも金儲けを優先させ、世界中から金を集めようというものであった。そして実際、〝集金〟に成功した。豊富で廉価な労働力を武器にして、たちまち世界の工場となった。

もともと一部都市（開発区）限定で開放されたのだが、順次、拡大していった。華南地域から華東地域、そして華北地域。現在では西部、東北地域までも拡大され、都会で外資投資メリットを十分に享受した段階となり、中国企業と同等の扱いともなったが（各都市で温度差がある）、これからも内陸都市はまだまだ投資メリットを〝付帯〟させている。

一九九〇年代初頭くらいまでは外国人の居住も限定されていた。自由に住居を探すことはできず、決められた居住区内で生活する。駐在員にも駐在員居住区があったし、留学生も留学生寮に住むことが義務づけられていた。しかし、現在では公安局へ登記さえすれば、マンションを借りることは基本的に自由である。

そして、マンションの建設ラッシュは調整が入っているとはいえ、今も活発である。

外国人向けの不動産仲介業も増えた。不動産売買も基本的には自由となり、住所を選択することができるようになった。それでも、利便性を考えれば、外国人の住む場所はある程度、固定してしまうし、治安のよい地域が選ばれる傾向が今なお強いことも確かである。

中国の勢いを感じない日本人はいないであろう。テレビや雑誌も警戒混じりに注目し、よくも悪くも中国がニュースに登場しない日は少ない。流通、アパレル、飲食、製造、設計、あらゆる業界でのビジネスチャンスが生まれており、これが飛ぶ鳥を落とす勢いというものなのか。投資環境も九〇年代の比ではなく、安定しつつある。WTO加盟後、労働者保護や知財整備も一歩ずつ進んできたようだ。

もちろん、反日デモに象徴されるような「国民感情」が一部にあることも事実であり、法制度のさらなる整備強化の過渡期であることを理解する必要がある。中国は貧富の格差、環境汚染など、さまざまな課題を内包している発展途上国である。この中国の課題は、かつて日本も経験してきたことであり、この状況だからこそ、ビジネスチャンスは無限に存在する。

二〇〇八年は北京オリンピックが開催された。さらに、二〇一〇年は上海万博と広州アジア競技大会が開催されたのに伴い、急速な都市整備事業と取り締まりが進んだ。明るいニュースが深刻な諸問題をかき消している感がなくもないが、道路、港湾、地下鉄、鉄道などの開発計画はこれからさらに加速するであろうし、中国全土が高速道路や高速鉄道で結ばれる時代が近づいているという、経済発展ポテンシャルを否定することはできないのである。

ついに中国人が消費に目覚めた

中国人民、つまり「士農工商」ならぬ「官農工商」はすでに「消費」に目覚めてしまった。テレビとインターネットの普及は、一般中国人に「物質的豊かさとはどういうものか」を知り得る機会を提供することになった。快適なマンションがあり、格好いいクルマがある。中身はさておき、これが目指すべき豊かさである。もう後戻りはできないのである。

出稼ぎワーカーの女性たちも毎日のようにパソコンと向き合い、ＱＱ（中国で普及しているインスタントメッセンジャー・ソフト）を楽しんでいる。「暇な時は何をしてるの？」と、ある出稼ぎワーカーに聞いたところ、「もちろん買い物よ。アクセサリーを見て回る」との返事。

高価で手が届かない高級品もあるが、金を稼ぎ、それを使う喜びに気づいてしまったのだ。一カ月の給料全部をはたいて、ｉＰｈｏｎｅを購入したという地方出身の女性もいた。

外資にとって、八〇年代、九〇年代の中国は輸出加工拠点に過ぎなかった。つまり、よりいいものをより安くつくるための工場でしかなかった。求めていたのは優秀で低賃金のワーカーであった。この需要は今も変わらずに継続されている。

だがそれに加えて、二一世紀には、それまでの加工拠点が中国の内需拡大拠点という意味も持つようになった。この大国に市場としての魅力が増してきたため、外資は戦略変更を余儀なくされつつある。新たなターゲットは「消費に目覚めた中国人」である。日系企業においても、バブル崩壊処理が一服した二〇〇〇年前後から、ゆとりを得た企業はＲ＆Ｄ（研究開発）拠点を中国に移し、順次、現地化体制を整えつつある。

「中国は」というより「中国沿岸都市は」であるが、今、高度経済成長の真っ只中を突っ走っている。日本に当てはめれば、中国の農村は戦後から六〇年代、大都市は七〇年代くらいに相当しているようだ。しかし、一方で最新鋭・最先端の携帯電話や高級車が一足飛びで〝蔓延〟する異常な事態でもあり、世界最高の食材が集まるかと思えば、超高層ビルの建築ラッシュという、無秩序な発展を見せている。こうしたイレギュラーな急成長は不安定なバラツキを伴う。

今もこれからも保障のない中国社会

さらに、日本の高度経済成長時期とは決定的な違いがある。それは「保障がない」という点である。

日本の高度経済成長には、右肩上がりの成長を前提にして、終身雇用という保障があった。冷戦下、外交も防衛もアメリカ依存ではあったが、日米安保条約の傘の下で守られており、経済活動に専念できる環境があった。教育水準の高さもあって、優秀な労働力が日本には豊富だったし、会社に生涯を尽くせば、会社に面倒を見てもらえた。

終身雇用、年功序列、企業組合といった三種の神器は、現在では崩壊してしまったが、これらがあったからこそ、安定した経済活動が促進され、社員の忠誠心も得られたのではないだろうか。

成長や保障がなくなれば、領土に限りのある日本では、他国への侵略と拡張しか道がなくなる。日本を統一した豊臣秀吉の朝鮮出兵もまた、世界制覇への野望ばかりでなく、武将たちへの恩賞となる領土を拡張するためだったではないか。日本による朝鮮併合や第二次世界大戦の中国・アジア進出も、ヨーロッパ列強による植民地支配に対抗し、資源を獲得するための国策であった。そして、戦後の五〇年は「無から有を創出する」経済重視。領土拡張の必要もない日本は、全精力を経済へ傾注できたのである。

こうした過去を持つ日本人にはなかなか理解できないだろうが、中国の場合、消費に目覚めて働いても（繰り返すが）その先には保障がなく、あってもまるで不完全だという点が、日本との決定的な違いだ。働いても働かなくても生きていける国営時代の能天気さは、今の中国にはない。国営企業もリストラが進んで、社会問題化している。市場経済の下での「生きるか死ぬか」の戦いなのである。

ある中国人は語る。

「先のことはわからないから、大事なのはまずは金。そして、世渡りの経験だ。とりあえず金さえあれば、身を守れる」

中国人がともすれば「拝金主義」と評される理由を垣間見ることができる。法律はいつどのように変わるかもわからない。買ったマンションですら「使用権」のみの売買である。

中国でも順次、保障や福祉の制度を整えつつあるが、経済至上主義が続く以上は限定的であるし、利益を社会へ還元するという意識の定着や実行にも時間がかかるだろう。あれだけの（一三億人以上の）人口大国である。行き届くには気の遠くなる時間がかかるのである。

所詮、自らを誇示し、守りの中での成長経済であるから、日本の高度経済成長とは単純に比較はできない。そして、中国人民にとって保障がないという前提が、より現実的な「生きる本能」を奮い立たせているようにも思える。

特に、農家に生まれた子供の運命は過酷だ。ある出稼ぎの中国人が語ってくれたことが記憶に新しい。彼の実家は農家で、一人っ子政策に反して「子供が二人もいる」という。中国では罰金となるが、伝統的価値観（大家族＝豊か）の残る農家では、子供は多い方がよいと考えている。労働力が増え、その分、稼ぎも増えるからだ。

そこで罰金を支払ったと言うが、その金を本当に工面できたのか、疑問でもある。罰金は農家の収入の一、二年分に相当するとも聞いている。よほどの財力かコネでもなければ、無い袖は振れないというのが現実であるはずだ。よって、多くは黒孩子（へイハイズ）あるいは黒子（へイズ）と呼ばれる戸籍のない子供となる。教育を受けることはおろか、生涯、まっとうな職につくことすらできないのである。

これに加えて、「盲民《もうみん》」と呼ばれる浮浪民も少なくない。統計方法の違いにもよるが、中国の人口は一三億から一五億人と大きな幅がある所以《ゆえん》である。中国社会の底辺に潜在する「秘密の労働力」は、数億に達するのではないか。

中国社会は甘くはない。優良企業で働こうと思えば、高専卒以上の学歴と実務経験は必須である。それ以外は単純ワーカー（労働力の提供）しか道はなく、大多数の中国人はこの不安定な環境で、日々働き続けなくてはならないのである。成長経済であっても、末端の労働者はわが身第一で、したたかに生き抜かなければならない。

人口の大半を占める「農民工」が明日の中国経済を左右する

中国は確かに物質的には豊かになった。貧富の差が大きいとはいえ、家庭にはカラーテレビ、DVD、洗濯機、エアコンが普及し、街中では自動車が爆発的に増加した。二〇〇九年、二〇一〇年と新車販売台数はアメリカを抜いており、今や「世界最大の自動車市場」でもある。北京には約五〇〇万台の車があり、一日二〇〇〇台ペースで増えているという話もあった。あまりの増加ぶりに北京市当局は二〇一一年からナンバープレートの発行を抽選での当選者に限定したくらいである。

農村でも「無農薬野菜」で成功した農家では、別荘を買い、ベンツを乗り回しているというから驚きでもある。もっとも、これは極端な少数事例で、一般的農家はまだ貧しく、贅沢をしなければ何とか体裁を維持できるレベルになりつつある――というのが実態のようだ。

異常なスピードでの携帯電話やパソコンの普及に比例して、ネット人口も急増した。その数は三〜五億人に及び、一国での数としては世界最大である。これは沿岸の大都市がメインではあるのだが、一方の農村でも携帯電話の普及は著しい。都会へ出てくるワーカーと実家との連絡手段（ホットライン）は「中国製携帯」である。携帯電話の所有台数は中国では八億台（コピー品も含めてだが）を超えたともいう。とんでもないビッグ市場である。

ある広西省出身のワーカー男性（二〇歳）は私に語ってくれた。

「もちろん、高価な携帯は買えないが、中国製のお手頃な機種で充分。メールはもちろん、画像も送れるから、機能には何の不自由もない。実家の親父やお袋との連絡も簡単だ」

中国人は家族や両親を非常に大切にする。ネオン瞬く不夜城となった中国の現代都市では、こういった伝統的家族関係も希薄になる傾向がなくもないが、家族や友人を大切にする伝統は、一般的にはまだ今なお健在である。

農民工（農村から都会へ出稼ぎに来ている肉体労働者）は、衣食住は維持できる生活レベルにあるとしても、豊かさの実感にはまだ時間がかかるであろう。中国では今も昔も変わらず圧倒的多数を占める農民工（つまり豊富な労働力）が経済の鍵を握っている。九億人前後はいるであろうこのマスを占める農民やワーカー（とその家族）の生活レベル向上が、中国経営の重要なポイントであることは、これからも変わりなく間違いない。

社会主義市場経済という世界最大の実験、日本はどうする？

中国は今、課題は多いにせよ、世界に類のない社会主義市場経済の最大の〝実験〟を行っている。わが日本の少子高齢化とマーケットの先細りを考えれば、アジアの政治・経済大国である中国そして中国人とどのようにつき合っていくかは、日本人が生き抜いていく上での重要事項である。バブル崩壊後の日本経済復活の要因の一つに中国特需があったことも否めない。

今こそ、日中関係を真剣に考え、お互いの強みを認め、相互扶助関係を構築していくべきなのだ。これが二一世紀の日本とアジアの安定に寄与していくと、私は信じている。

日本の独自性や最先端のモノづくり技術は何ものにも替えがたく、これを継承していくべきだが、今、団塊世代の大量退職により、その技の継承も危ぶまれている。これでは、日本の強みですら限界が出てくる。さまざまなメディアでも問題提起されているように、お家芸があぶないのである。

中国にいて日本への褒め言葉を耳にするのは、日本人として嬉しいものだ。「日本の家電や自動車は品質がいいね」とか、茶道や相撲といった伝統文化、また勤勉な国民性を評価してくれる中国人は少なくない（日本の最近の八百長相撲報道を知ったら、中国人はどう考えるだろうか。日本人として肩身が狭い思いがする）。

ある中国人男性は「結婚相手には日本人女性が世界一だ」と、もはや幻想と化している古きよき日本人女性を賛美していた。ただし、中国全体から見れば、そうした日本観は少数派であり、一般的とはいえない。

日本食の店も在住日本人が困らないほどあるし、健康ブームと食の多様化で、富裕層を中心に多くの中国人も刺身など日本食を口にするようになった。しかし、繁盛しているのは中国化した日本食の店であり、わかりやすい「食べ放題」が主流である。

日本人や日本的なものが、中国の社会主義市場経済で、普遍的に受け入れられるかは疑問である。日本が世界化することは至難であり、特に圧倒的人口大国の中国社会において、数の上では太刀打ちできない。加えて、日本の侘《わ》び寂《さび》や武士道などは奥が深く複雑すぎて、中国人には理解しにくいのである。日本で生まれ育った中国人にもわかりづらい。「是々非々」の中国で浸透するには、何より「シンプルでわかりやすいこと」が前提なのある。

世界最大の市場で、日本的なそして日本人が今後どのように浸透、深耕していくのだろうか。

中国ビジネス・成功のヒント

中国の「東西南北エリア」間の気候、

慣習が違うことを理解し（一八〇度違う人間くらいの認識で）、
各々に向けた戦術策定が必要。

〔第二章〕

消費に目覚めた中国人が経済発展を支える

生きることへの執着が自己中心の価値観を生む

中国人は生きることへの執着が極めて強く、たくましい——。この事実を、まずは理解しておいていただきたい。

中国は「面子《メンツ》」の社会といわれる。しかし、ビジネスの交渉舞台や労務管理などでは面子が尊重される局面も多いが、生きるためにはそんなことは言っていられない。それが中国人の本音だろう。

私自身、数えたらきりがないほど、中国人を面接し、面談もしている。履歴書を見れば「日本語流暢」とあるので、「では、日本語で自己紹介してください」と求めると、今までの強気の態度が一変し、たどたどしく「コンニチハ」が精一杯。まず「当たってみる」という中国人の積極性は感嘆モノだが、私としては、こういうケースで相手の面子なんか気にしていられない。「あなたのレベルでは日本語が流暢とはいえない。会話すらまともにできないではないか。これは面接詐欺だ。勉強し直し、せめて日本語検定一級か二級くらい取得してから再チャレンジしなさい」

そう言ってやると、相手は中国語で「わかりました。では、まずは入社させていただいて、御社で日本語も勉強させてください。仕事は一所懸命真面目にやります」と、開き直る始末である。

中国人の行動には軽妙さと粘りが同居していて、流れをつかむのが実に巧みだ。中国人にとって、まず大事なのは「自分」である。そして家族と友人。「自分」と「自分圏内」を中心に世界が動いている。他人を気にしている時間などあるものか。それが中国人の大半であろう。

九〇年代初頭から現在に至るまで、中国大陸全土を観察し、飛び回ってきた私の印象である。日本人であれば「明日どうやって生きていこう」と苦悩し、心身をすり減らし、ついにはノイローゼとなって、生命をも自ら捨てかねないだろうが、中国人は悩んでいる暇があれば、生きる術を考え、行動する。医食同源、きっちり食事をする。考えるというよりは、本能で経済や政治の流れをつかむ。頼れるものは頼るし、使えるものは何でも使う図太さがある。とにかく、桁外れにポジティブなのだ。このような前向きな姿勢はやはり、社会不安と不信の反動ではないだろうか。

もちろん、自ら生命を絶つ中国人がいないわけではない。ただ、環境に恵まれない出稼ぎ労働者たちにしても、不満は言いたい放題だが、底抜けに明るい。

日本と中国、島国と大国、先進国と開発途上国。環境が違うといえばそれまでだが、中国人はたとえ生活環境が劣悪で貧しくとも、根っこに明るさを感じるのである。「明日は、今日よりよくなる」が合言葉であるかのようだ。

中国の改革開放政策は一九七八年から始まり、もう三〇年以上が過ぎた。その間、着実に右肩上がりの猛成長を続けている。二〇一〇年、中国は日本を抜き、世界第二位の経済大国に躍り出たが、あくまで国家全体の経済規模としてであり、一人当たりのＧＤＰは先進国に遠く及ばない。

自転車で買い物に出かけ、食料品店を相手に「高いよ」「まけてよ！」と丁々発止で買い叩き、食事の支度をする。冷蔵庫もなく、ビールは生ぬるい。服装もグリーンとホワイト、あるいは紺。そんな九〇年代初頭の都会が嘘のようである。

かつてはトイレも満足になく、あっても扉がない。高層マンションも限られているし、まともなコーヒーを飲めるような店もなかった。それでも、人々は穏やか。それが古きよき中国だった。上海も北京もまだそんなおっとりした空気で、皆がマイペース。喧騒だけはいたる所で発生していたが。

それが、九〇年代半ばからの急成長で、本格的市場経済の波に揉まれ、中国人は本領を発揮し始める。中国人のバイタリティは、今に始まったことではない。貧しい時代は地を這ってでも生き抜き、現在の市場経済の大海原では、人を蹴落とすことも厭《いと》わない。まずは自分が豊かになるべき、というのが中国人の信念だ。

そういう自己中心的な中国人の集合体であるが、豊かさが目に見えるようになって、各々自信を深めていることは間違いない。

成長プロセスの欠落がアンバランスな成長を呼んだ

もちろん、一人当たりのGDPが先進国に追いつくためには、へたをすれば五〇年単位の時間を要するであろうし、これ自体が大きな実験でもある。無理をすれば、歪《ひず》みが生じる。

一部の都市の華やかさや繁栄ぶりに代表される中国の発展は驚異的だ。しかし、アンバランスなのである。ビルの裏を見れば、建築廃材などのゴミ、ガラクタが放置されていたり、車で一時間も飛ばせば、まだまだトイレもない世界が広がっている。理髪店も都会では「光り輝く美容店」に変貌したが、地方では「のんびり青空床屋」が健在なのである。

だだっ広いだけの荒地だったのが、一夜にしてとまではいかないが、圧倒的な労働力を動員して、あっという間に高層ビル一棟がそびえ立ってしまう。それが中国の実力だ（手抜き工事も問題化しているが）。まずは大号令で動き、〝問題〟はあとから考え、対処するのが中国式でもある。「商機は逃さない」というわけだ。

リスクを想定して動くのではなく〝決心〟することを優先する。中国人事業家は「ゆっくり考えて」など好まない。

ある製造メーカーの中国人経営者は語ってくれた。

「中国社会で、待っていたら取り残される。先手先手でとにかく動く。法律だって、どんどん変わるんだ。問題はあとから解決するさ」

一方で、日本人については次のように語ってくれた。

「日系企業の管理は素晴らしいし、信用もある。でも遅い。決断に時間がかかる。商機を逃してしまう。二〇〇〇年代まではそれでもよかった。必要な技術も製品も日系企業しか持たなかったからだ。今は違う。中国企業を信用しても問題ないし、韓国や欧米の企業もある。日本一辺倒の時代は終わったね」

中国では、インフラ整備の拡充などのハード面が日々発展しており、都会から地方都市へ面として広がっていく。中国共産党としても、発展を人民に実感させ続けることが指導力発揮と体制維持のために不可欠なのである。

超高層ビルの建築ラッシュ、マンションの乱立、地下鉄、高速道路、橋梁の建設、そして飲食店の増加と多様化、化粧品や衣類の普及とブランド化、美容整形の流行……ＤＶＤショップを利用すれば、世界の最新映画も格安で楽しめる。

こんなにスピーディーに「成長プロセス」もないまま、都市部を中心に「物質大国」になっても大丈夫なのか？　という危惧さえある。段階を踏んできた日本の経済発展とは違い、中国人の所得水準に合わせて、階層型でそれぞれの必要物質が移植されてくるのだ。

中国の成長を象徴するのは、北京、上海、広州、深圳、重慶《チョンチン》などの大都市であるが、二〇〇〇年以降には、その周辺の中規模都市（人口三〇〇万人から五〇〇万人クラス）までもが次の開発拠点として注目され始めている。目に見える着実な発展と変化を誰もが実感せずにはいられない。当然、取り残される人たちもいるわけで、その不満はどんどん鬱積《うっせき》していくのだが。

こうしたアンバランスを体感できるのは、現在の中国の醍醐味《だいごみ》といっても過言ではないし、現代中国の魅力はこのパワフルな混沌にこそ、あるのかも知れない。

メディアと口コミで知ってしまった「豊かな暮らし」

一方、中国国内メディアの影響も大きい。九〇年代には、限られた都市、限られた階層とはいえ、豊かになった中国の姿が一般のテレビ番組や新聞、雑誌でも連日報道されていた。成功した農村もクローズアップされた。

現在では、増加の一途をたどる犯罪や社会問題、政治家の汚職や病院事情、医療現場の実態といった負の面、そして美容や健康、海外情報やファッションなど、多様な話題が取り上げられるようになった。反政府的な内容でなければかなりオープンで、さまざまな情報が行き交っている。

それに加えて、中国人同士の「井戸端会議」がまた盛況である。言いたいことは遠慮しないし、伝達スピードは「光」の速さをも超えるのではないかと思うほどである。口コミこそが「中国最大のメディア」なのかも知れない。

情報伝達媒体として、テレビはむろんのこと、所有台数が八億台を超えたともいわれる携帯電話の役割が大きい。都市部ばかりか農村でも普及が加速しているインターネットで自由に情報が入る。ネット・ショッピングも盛んである。パソコンがなくてもインターネット・カフェへ行けば、すぐに世界とつながる。反政府的な情報を除けば、中国国内の情報の流れを一〇〇パーセント統制することはもはや不可能なのである。

洪水のような情報で「豊かな暮らしと消費」とはどういうものかを知り、やり方次第で享受できるとなれば、「自分もそこに追いつきたい」という願望が生まれるのは当然のことだ。

まずは、家電である。冷蔵庫、洗濯機、エアコンが必需品となり、九〇年代から一気に普及した。もちろん一般の人民に高級品は買えないから、安くて、それなりに使えれば、事足りる。

広東省の地方都市で、地元の足裏マッサージ屋に行ったことがある。料金も都会に比べれば、半額以下である。個室に案内された。エアコンの下にバケツが無造作に置いてある。

「このバケツは何？」と聞いたところ、「エアコンから水漏れする」と、四〇代の女店主は無愛想に答える。エアコンを見れば、もちろん中国製である。

「これはもう二年前に買ったもの。まだ保《も》ってるわ。しかもバーゲンで買ったの」と、店主は得意満面だ。

「いや、そうではなくて……。客が来ているのに、このバケツはないでしょう。早く買い換えたら?」と提案したところ、「まだ使えるでしょうが」とふてぶてしい。「うちは(マッサージの)料金が安いんだから」と。

高品質の外国製品は一部の富裕層におまかせし、庶民はそこまで高望みせず、中国製で充分。これは、中国発世界へのデフレの要因の一つでもある。

次に求められるのは、DVD、携帯、パソコンである。この普及も九〇年代後半から一気に加速した。

そして、次は自動車とマイホームである。ここまで手に入れるのが一般的な中間層の中国人の理想であろう。一三億人とも一五億人ともいう、階層的かつ段階的な巨大マーケット、つまり大量消費国家がここに誕生したのであり、もう後戻りはできないと私も感じている。この経済の潜在力の大きさはとてつもない魅力であり、そして脅威でもある。

中国マーケットはこれからどうなるのか

中国マーケットの安全性については、北京オリンピック、上海万博までは大丈夫としても、二〇一〇年以降が危惧され、中国への投資に不安を抱える相談企業があとを絶たないのも事実であった。

内政的課題や矛盾による中国人民の不満やトラブルが噴出して、中央政府の統制の限界が露呈し、局地的暴動や政治不安が今後も起こり得るかも知れない。しかし、中央政府はしたたかに舵取りをするだろうと私は考えている。

たとえば、上海の不動産バブルの強制統制もその一事例でもある。中国政府得意のこの上意下達は、中国人に「没方法（メイバンファー、仕方ない）」と言わせるものだが、「上に政策あれば下に対策あり」で、中国人は次の動きを事前にキャッチして、準備している。常に流れを読み、そこに溶け込む。富裕層はこのへんの時代感覚が特に優れており、政府要人とのパイプもしっかり握っていて、巨額の富を得るのである。

とはいえ、制度や法律の突然の変更によって一時的な経済の混乱も予想されるが、「メイバンファー（しょうがないよ……）」で乗り切る生命力を中国人は根底に持っている。消費に目覚めた一三億人以上の中国人が存在するのだから、この市場はこれからも広がり続ける。政治がどう変化しようと、それは止めることはできない。

中国がバブルをコントロールできる理由

かつて、上海の土地バブルがあり、異常に不動産価格が高騰した。オリンピックへ向けた北京バブルもあったが、その反動が来て、地価が崩壊するということもなかった。一部に下落はあっても、すでに落ち着きを取り戻している。人気の物件は今なお高騰しているが、どのみち、一般市民や一般労働者にはまったく無縁の高価格である。

上海の中国人タクシー運転手は「俺たちには一生買えないよ」と嘆いていた。一日一二時間以上ハンドルを握り続けても、生活を維持するだけで精一杯なのだ。中間層であれば、無理をすれば買えなくもないのだが。

ところで、中国のバブルはなぜ、コントロールが可能なのかといえば、中国共産党の〝伝家の宝刀〟である「マクロ政策介入」ができる点にある。そして、仮に治安が乱れれば、公安や軍を派遣して鎮圧できる。一方、日本との違いであるが、日本は限られた土地、一極集中でのバブルだったのであり、「土地の値段は上がり続けるもの」という土地神話による幻想があった。中国ではわけが違う。専門家が徹底的に日本のバルブ崩壊を研究し、対策を講じている。何よりも土地があり余っているのだから、一極集中ではなく、マクロ的に都市開発の分散が可能なのである。

日系飲料メーカーの現地責任者によれば、「中国の平地は数十パーセントに過ぎず、環境破壊と砂漠化が進んでいるし、あとは山脈で、中国の実質有効面積は小さい」と言う。

それはそれで正しいのだが、土地さえあれば、破壊された環境であっても、それを再開発、改善して利用することが可能であり、山地も開拓することができる。日本もまた、過去に公害汚染からの立て直しや山地を切り崩しての土地開発を行ってきた。

「中国には土地があり余っている。山脈も山地も有効活用する知恵を持てばよいのだ」と、北京の政府高官は語ってくれた。

中国はかつて「資源大国」であったが、急速な経済発展によって自前ではまかなえなくなり、今では資源の輸入大国となっている。小麦や大豆ばかりでなく、あらゆる穀物を輸入に頼り、資源確保に政府主導で大胆に動いている。

中国だって馬鹿ではない。海外資源だけでは将来の国家経営は保たないことを悟り、中国国内の資源開発、土地の有効活用などを真剣に検討している。また、環境対策を強化せざるを得ず、「国家級重点プロジェクト」となっている。

近現代の日本は資源を求めて世界に乗り出した。しかし、資源の有限性を考えれば、環境対策は不可欠となり、分別回収やリサイクルの重要性を経験の中から学んできた。オイルショックを経て、いかに日本が海外の資源に依存している国なのかを痛感したはずだ。世界と上手に渡り合わなければ、日本に未来はない。

中国はまだ発展途上で、将来よりも今が大事である。現在、この国は日本がたどった工業化と環境破壊の段階にある。さて、日本の過去の経験は「他山の石」となるだろうか。

「人は不幸にも、先人の経験を頭で理解しても、痛みは実際に体験しなければわからない生き物だ」と語ってくれた中国人恩師の言葉が印象的である。

中国は政府主導、つまり共産党独裁の国である。土地バブルにも介入し、統制することが可能だ。土地は公有だからである。そして、法律はあっさりと改変される。

日本経済の轍をふまえた中国政府の「奥の手」

繰り返しになって恐縮だが、中国は広大であり、余った土地が活用されるのを待っている。耕地面積は国土の三〇パーセントにも満たないという。この面積に一三億人以上が活動しているわけだから、人口の過密ぶりは異常でさえある。高層マンションを矢継ぎ早に建設しても、供給は需要に追いつかない。大都市の不動産価格の高騰は必然なのだ。

改革開放の波を受け、中国全土からのマネーが集中する大都市に不動産バブルが生まれるのは自然の流れである。しかし、中国の土地は考えようによっては有限ではなく無限にある。山岳地帯や砂漠地帯、それに大草原もある。有効に開発すれば、人が住めないわけではない。

中国の土地バブルは日本のように脆《もろ》くはない。過熱した大都市から周辺へと拡張し、中国の大地に吸収されていく。そして、度を越した狂瀾は「神の見えざる手」ともいうべき政府の奥の手、マクロ統制によって、抑制される。

オリンピックもとうに終わったというのに、建築ラッシュはさらに加速している。不動産価格の上昇も留まることを知らない。それも一極集中ではない。北京でいえば天安門前広場を中心に、五環路、六環路周辺に至るまで大活況である。住宅街も郊外へとますます広がっている。それでも、まだ供給は追いつかない。

「北京から内陸の西へ三〇〇キロくらいのところに、新たに街を建設すればよい。そう、アメリカのラスベガスのように」

税務局に勤める北京の政府高官はそう笑っていた。人の流れを、そして投資先を分散させればいいという発想である。国内の土地開発に伴い、法律も整備されるから、今後の投資環境はますます改善されるはずである。

日系企業の失敗は研究不足に起因している

外資は、日系企業はどうだろうか？　中国ビジネスなんて金をドブに捨てるようなもの、やられた、だまされた、という経営者も過去には多いかと思うが、その失敗は中国への研究不足、つまり中国人のスタイル、商習慣に対する無理解が大きな要因である。敵を知らねば、アウェーでは戦えない。

「だまされた。これが『論語』を生んだ国か。ひどいもんだ。もう、この国なんかどうにでもなれ」と愚痴っても仕方がない。中国が多くの賢人を生み、故事来歴、名言至言の宝庫だったのは大昔の話だ。現代において、この国は発展途上なのであり、中国人自身が「大競争社会」の中で「生き馬の目を抜き」合っているのである。不信と不信のぶつかり合いなのだ。中国人が道義にはずれた商魂を見せても、日本人にだけそうしているのではない。このことを肝に銘じて欲しい。

安価で品質も向上している中国製品は世界を席巻し、日本市場にも定着しているから、外資の投資環境は総じて安定であろう。時折、政治問題が経済に波及することもあるが、政策的にも外資と共存の姿勢に変わりはない。

外資を追放すれば、改革開放は頓挫《とんざ》し、発展への「負の影響」が致命的となり、社会混乱を増発させる。台湾や香港を含む外資系企業やその関連企業で働く中国人とその家族を考えれば、影響は数億人にも及ぶのだ。

「自力更生」には限界があることを中央政府はよく知っているはずだ。だからこその改革開放路線なのである。

外資を徹底的に招き入れ、それを使い切るのが中国流。言葉は悪いが、外資は〝使われる〟ことによって、中国市場と顧客に評価され、中国での活路が見出せる。使われなければ撤退するしかない。市場経済とはそういうものであって、中国だけの特殊事情ではない。世界市場はドライなのである。アウェーで戦うのだから、日本に不利なのは当然だ。

赤字垂れ流しの中国企業、負け組はどうなるのか

中国が国際社会で認知され、大国の権威を維持するためには、外資との共存、そしてグローバルスタンダードに近づく必要がある。税金を払ってくれる外資を追い出すことになれば、税金ばかりか、技術も雇用も失うことになり、さらなる貧富の格差と社会不安を招くことは必至。中国政府にしても、投資環境を守ることは優先事項となろう。デモやストライキなどの不平不満が局地的に噴出したとしても、大勢に影響はない。

中国企業を見ても、今後五年の間にさらに淘汰が進む。日系企業以上に現地企業同士が熾烈な戦いを演じているのである。

勝ち組・負け組という表現は気分のいいものではないが、今後の中国社会ではさらに勝ち負けが鮮明になってくる。今、旧国営企業は必死である。市場経済の渦の中で揉まれ、活路を見出そうとしている。皆が勝てるわけではない。では、負け組はどうするか？　負け組は負け組で、したたかに生きていけるだろうから影響は最小限ではないかと私は見ている。

要は生活水準を使い分けることである。たとえば、食生活だけ見ても、そのレベルを落とそうと思えば、明日にでも可能なのである。現在の北京や上海などの都市部において、一回の食

費について、五元、一〇元、三〇元、五〇元、一〇〇元、三〇〇元、五〇〇元、一〇〇〇元……と驚くほど幅広いのが中国だ。食費が一〇元（約一三〇円）でも、住むところさえあれば、何とか生きていけるのである。「金があれば金を使う暮らし」もあり、「金がなければ金のない暮らし」ができるのである。

　ここが日本との違いだ。日本ではランチを五〇〇円に抑えられても、五〇円でしのぐことは不可能に近い。その点、中国の重層な所得構造の中では、最下層がまだまだマスを占めている。つまり、ホワイトカラー（中産階級）の約三〇パーセントの所得で暮らす人たちは圧倒的に多いから、敗北感や悔しさはあっても、恥でも何でもないのだ。落ちたところからまたやり直そうというのが中国社会である。

　日本では一応、一億総中流階級であるから考えられないことだが、これが今の中国の実態である。日本でも昨今は格差が社会問題化しており、ミドルアッパー、ミドルローアークラスなどの言葉はあるものの、上から下までの差は中国階層社会の比ではない。

　中国人はリスクがあっても、たくましく挑戦していく。都会で失敗しても、地方へ疎開し、そこから復活のチャンスを虎視《こし》眈々《たんたん》と狙う。失敗の経験がさらに人的技術力をも向上させるのである（各エリアによって、当然ばらつきはあるが）。

美貌とキャリアを持つ中国人女性のライフスタイル

ある国際線CA（キャビン・アテンダント）の友人は航空会社を辞め、小規模ではあるがレストランを始めた。

中国ではCAは好待遇で、生活にもゆとりがある。その蓄えを投じてのチャレンジであった。中国では男女に関係なく、表で働くのが一般的である。彼女のように起業するタイプも決して珍しくはない。

「今は、とにかくチャレンジ。まず、やってみなければわからないわ。失敗なんて考えない」と屈託ない。

「私にはたくさん友人がいるから、食事くらい助けてもらえる。だって、そのための友人じゃない」

また別の友人CAからは「マンションを購入した」と突然、連絡があった。まだ二〇代前半である。「頭金は自分の貯金と両親と親戚からかき集めた」と言う。

「今買わなきゃ！」と、バスに乗り遅れるな的な勢いにまかせた買い物である。現在、彼女は地方大都市をベースに勤務しているが、「転勤になったらどうするの？」と聞いたところ、「またそのとき考える」との返事には絶句させられた。

湖南省出身で都会に出て、小規模ではあるが服飾店（ブティック）を開いた女性がいる。典型的な工場ワーカー上がりの二二歳だ。

「とにかくやってみるしかない」と、マネキンに雑誌で見たような柄物を着せ、客を呼び込む。その勢いには圧倒される。計画性とか戦略性といったものは一切、見当たらない。

将来よりも現在が大事なのだ。また、現実的な問題として、地方からの出稼ぎ労働者は工場のワーカー、レストランなどの従業員になるのが主流で、いわゆるホワイトカラー的就職ができないという事情もある。現在の中国では、大手や優良企業に勤めようと思えば、学歴と経験が優先される。無学な庶民など履歴書すら見てもらえないのが現実だ。

学校に行くには金がかかる。経験を積むには時間がかかる。それなら自分で貯めた金で、小さくても起業する道を選ぶ、それも自然である。

その後、半年が過ぎた。久しぶりにこのブティックを開いた女性に会おうと出かけてみたら、そこは雑貨屋に変わり、店主も別人となっていた。「いらっしゃいませ」と笑いかける愛想よさに吸い込まれ、店の中で立ち話をした。

「前のブティックはどうなったの？」

「あの娘は田舎で挑戦するといって、実家へ帰ったそうよ」

中国のこうしたチャレンジ精神（つまり、前向きな行動力）と消費が後戻りすることはあり得ない。そんな国民性ではないし、中国における社会主義市場経済で生き抜くためには、チャレンジを継続していかなければならないのだ。そして、チャレンジのためには、社会の変化を把握することが大前提となることは言うまでもない。

高級路線もすでに定着している

都市部を中心に、家電、ＩＴ製品を得た者は、次に高級路線を走り出す。中古の自動車、マイホームを得た者は、さらにもう一台、もう一軒、そして別荘へと消費意欲を増大させる。食材にしても、健康志向の高まりもあって、原産地が表示されたり、有機野菜へのこだわりが見え始めてきた。「小皇帝《シャオファンディー》」、いわゆる「一人っ子」の増殖で、若者は過保護に育てられ、無理してでも、いいものを買い与えられる。教育への投資は異常でさえあり、外資の幼稚園や学校への入学が争われる。とにかく子供第一なのである。日本製の粉ミルクが飛ぶように売れたのもその証左である。

高級日本食材、たとえば本マグロからフカヒレ、アワビに至るまで、金さえあれば、何でも手に入る時代となった。日本製の調味料も高価ではあるが、いくらでも入手できる。私の留学生時代は、北京大学の近くにできた日本食の店で、シメ鯖丼（格安で日保ちする）に感動したくらいだから、隔世の感がある。

ちなみに、日本食が健康ブームに便乗して、中国人の食生活に浸透しつつあることは確かだが、あくまでまだ「たまに行くなら」的な外食ベースであり、家庭で日常的に日本食を作るという段階には至っていない。

また、SARSで数多くの人命を失った結果、衛生観念も向上してきた。トイレも随分きれいになっている。十数年前は、外に出れば、青空トイレがほとんどで、扉もなかったものだ。使用後の紙だって、便器の中には捨てず、傍らに重ねておく。周囲から丸見えのトイレなど、日本人には想像もできないだろう。

中国人のあくなき消費マインドと商売マインドに支えられ、ハードは高品質へ、嗜好は多様化へと変貌している。一部の不動産投機のように投資が過熱した場合は、中央政府が即座にマクロ・コントロールに入り、沈静化される。

二〇一〇年から二〇二〇年にかけて、中国経済の成長はなお持続する。いや、たとえそれが「自転車操業」であろうと、持続させなければならないのである。

「投資環境」としてのリスクよりも「事業推進」としてのリスクが問題である。発想と努力で早い者勝ちの利益を勝ち取れた八〇年代、九〇年代とは違い、競合相手が雨後の筍のように生まれては消えていく。「物まねの天才」たちは、儲かるとわかればすぐに動き出す。躊躇なく、借金をしてでも彼らは行動に出る。石橋を叩いて渡るような日本人は中国では置き去りにされる。リスクのない事業は世の中には存在しない。よって、事業環境そのものはますます厳しくなると考えるべきだ。

バラ色のマーケットではあるが、実は、いばらの道でもある――この点を肝に銘じなければならない。事業リスクを未然に防止するには、まず中国を理解するべく努力することが第一である。

もはや見た目だけでは国籍や出身地が判別できないくらいファッショナブルになってきた中国人ではある。富裕層は日常的にもナイキやアディダスを身にまとう。だが、中国と日本を「同質同等」に考えるべきではない。同じ黄色人種とはいえ、国の制度も、思考も、慣習もまったく違う他国である。安易に信頼したあげく、裏切られて中国を批判するくらいなら、この国に来ないほうがマシである。

現在の中国の情勢、価値観、世代間のギャップ、エリア間のギャップ等々、今の日本との違いを冷静に見つめること。まず、それが大原則である。現状を認識し、一〇年後を視野にとらえつつ、一～三年後を目標に施策を打つ。その上で、実際にパートナーとなる中国人と上手につき合うこと、そして適正なパートナー選びが重要となる。

どんな事業であれ、特に立ち上げ時は、失敗と試行錯誤にも対処できるよう、資金、人材にゆとりを持つことが大事である。企業は短期間に結果を出したがるが、世界最大の市場である以上、中国への対応策は他国と同様というわけにはいかない。

中国ビジネス・成功のヒント

衣食住関連のビジネスは活況を呈しており、今後さらに莫大な需要がある。日本の「安心・安全」を商品に注入するのが有効策。それには世代層・所得層に合わせたビジネスモデルの構築が必要。

〔第三章〕

中国2010年代のキーワードは「品質」

品質時代が幕を開けたものの……

「品質第一」というスローガンは、中国でも九〇年代からあるにはあった。しかし、それこそ単なるスローガンで、実状は虚しさを覚えるほどであった。中国人自身ですら、中国製は悪いものと自覚していて、日本製こそ最高品質であるという認識の時代があった。

ところが、二一世紀に入ると、中国製でも家電や携帯などアレヨアレヨという間に品質が向上し、中国人も自信を持ち始めた。

それでも、ある中国人は言う。

「中国製で充分だよ。壊れたら買い換えればいいんだから」

まだまだ、壊れることを前提としている中国人も多いわけである。壊れない品質を生み出そうと思えば、作る側の人間の意識（品質）が変化する必要がある。

品質といえば、製品（商品）の品質がイメージされるだろうが、私の言う品質の意味は少々異なる。二〇一〇年代以降、この「品質」がキーとなることを覚えておいていただきたい。つまり「作る人間の品質」である。商品の品質向上は人間の品質向上に比例する。人間の品質うんぬんといっても、決して中国人を侮蔑しているわけではなく、先進国の基準で発想できる層が今後は拡大していくだろうという意味である。世界を相手に商売する以上、中国人も変化して当然なのだ。

中国製品は、高級感やブランドの定着にはまだ遠いが、安価と品質ではすでに認知されている。ロサンゼルスに行ったとき、GAP《ギャップ》でトレーナーを買おうとタグを見たところ、中国製である。「中国製、どう?」と訊いてみた。「なかなかいいよ」と、スケートボードで遊んでいた白人青年は語ってくれた。

中国人が以前よく語っていたことだが、上海蟹のような食材に限らず、中国製の一流品はすべて海外へ行ってしまう。言うまでもなく、輸出の方が利益が大きいからである。従って、二級品か、せいぜい準一級品しか中国には残らない。

だがそれも過去の話である。なにしろ中国国内にも、一級品を求める富裕層が増えているのだ。とはいえ、二級品やコピー商品で満足する(満足せざるを得ない)貧困層が今なお多いのも現実である。

しかし、中国にも情報化社会が到来した。テレビを見れば、ネットをつなげば、高品質商品が手の届きそうなところにある。貧困層も目覚めないわけがない。粗末な品を欲しがる人間はいない。単に「買えないだけ」なのである。過去にはスローガンに過ぎなかった「品質」が、生活の中で現実化し始めた、それが今の中国である。階層ごとに求められる品質も段階的に多様化していくであろう。

そして、中国人下層部の意識向上とともにその品質も底上げされる。現在の中国でも「品質第一」が看板倒れになっている例をあちこちで見る。外資（日系企業）がリードし、中国の優良企業はキャッチアップしようとしているが、大多数の中小・零細企業や、地方まで浸透するにはまだ時間を要する。一〇年から二〇年はかかると見て、じっくり構えていたほうがよさそうである。

「コピーして何が悪い」と開き直る背景

発展の未熟や技術不足、経営者の意識不足が生む問題は粗悪品ばかりではない。コピー商品、いわゆるパクリが中国全土にあふれており、諸外国のヒンシュクを買っている。この点では、まだ当分は無法地帯であるといえる。

パクリが横行する背景には、教育の問題がある。早い話、常識の問題なのだが……。中国がＷＴＯに加盟し、知的財産の尊従という外圧をかけられたことで、商標や著作権といった概念がようやく認知され始めたわけだが、それまでは知的財産という意識など、一般中国人にはなかったのではないか。

さらにいえば、生きることへの現実的課題がある。大多数の中国人は生きることが最優先という段階である。政府も社会不安や失業者を出さないことが先決問題であろう。コピーやパクりは不正と承知していても、どこの国も発展段階においては通過してきたことではないのか。現在では某新聞社に勤めている中国人の二〇年ほど前のコメントを思い出す。

「中国は発展途上なんだよ。一部に豊かな人が出てきてはいるが、全体ではまだまだ貧しい。豊かな日本やアメリカには理解できないよ。中国の歴史の長さと同じで、時間がかかる。必要悪なんだよ」

外資企業は不正な商品に目を光らせているし、中国政府も無頓着ではいられなくなり、不法業者とイタチごっこを繰り返している。こうした外圧と内需のバランスをとろうとする動きが経済の成熟化へとつながり、必然的にコピー商品は減少の方向に向かっていくのではないかと私は考えている。

だが、外資系企業の管理職（三八歳）の友人は、よく逆ギレを見せる。

「コピーがはびこる中国は悪いと言うけれど、コピー商品を買って喜んでいるのは日本人じゃないか」と、次第に論点がずれていき、「安い労働力を利用して儲けているのは日本人だ」となり、しまいには「中国の文化である漢字を日本人は勝手に使っているではないか。日本人は使用料を払うべきだ」と極論になってしまうことがしばしばなのである。あげくには、

「日本人は先の戦争でどれほどの中国人を殺したのか。どれだけ財産を奪ったのか」

日本を非難する決まり文句が飛び出す。

コピーの何が悪い、と開き直る中国人は結構いるものである。面食らうこともあるが、彼らの主張の中には自己防衛も垣間見られる。

一般的には「どうしようもない」という感覚の中国人が多い。「俺には関係ない。中国は貧しいのだから仕方がない」というわけだ。

しかし、資本主義的にはコピーは犯罪なのである。知的財産権の侵害であり、訴訟へまっしぐら、なのである。とはいえ、それは「法治」があってこその話。法律によって権利を守る契約社会だけに限った価値観だ。中国はまだまだ「人治」である。最高裁判所が三権分立の一翼として、政府を牽制したり批判することはないし、法が政府を裁くことはできない。政治家の汚職摘発はたいていは権力闘争の結果であって、これを裁くのは裁判所ではなく政府である。

中国の伝統というべきか、生きる知恵というか、法律などアテにされていない。なにしろ、日本の一二倍近い人口大国である。訴訟社会になれば、莫大な人手と金を必要とし、その決着まで、気の遠くなるほどの長い時間を必要とする。訴訟件数は世界一になるだろう。警察官も検察官も裁判官も弁護士も圧倒的に数が足りない。いくら養成しても供給が追いつかない。そのうち、裁判所に足を運ぶのも億劫になっていく。現在の中国の裁判は、即決即断である。効率が第一だ。

公開処刑的に、要するに見せしめ的イベントとして、コピー品を大量に焼却する映像が流れる。マスコミを利用して、一般人民を啓蒙しようとしているのであろう。イタチごっこはあるにせよ、自然に淘汰されていくと考えられるが、二年、三年での解決は難しく、やはり、時間はかかるであろう。

日本でブランドショップを経営していた初老の日本人が、現在では中国を舞台に事業を行っている。その彼が語ってくれたことが興味深かった。「日本もかつてはコピー商品だらけだった」と言う。なるほど、確かに七〇年代は巷にスポーツブランドの偽物が氾濫していた記憶がある。

「最初はエルメス、グッチなどブランド物を輸入していたが、さっぱり売れない。高くて手が届かないわけだ。これが現実だということがわかった。それでも日本人は舶来物に弱い。そこで香港や韓国からコピー商品を輸入したところ、これがバカ売れ。事業も大成功。狙いはハイカラな女性たちだったが、本物の半額だから手が届くんだ。日本の七〇年代から八〇年代はそんな時代だった。中国も今、その段階なのかも知れない」

いずれにしても、二〇一〇年代から二〇年代にかけて、中国でも「本物第一」「知的財産権は常識」という時代が来るだろう。なぜなら、消費者の選択肢が増え、また選択の「目」のレベルが飛躍的に向上するからだ。中国国内でも、一流品を求める者が富裕層から中間層へと順次増えていく。「これで充分」から「これはスゴイ」へと求めるものが変わっていく。

しかし、中国人民の一人当たりのGDPが先進国の中位レベルに達するまでは、焦らずに腰を据えて、臨まなければならない。

国際イベントで中国人の意識もオープンになった

北京オリンピックと上海万博という世界的イベントを経て、中国はよりオープンになった。つまり、国際常識を輸入したわけである。中国人民の意識も変化せざるを得ない。路傍に痰を吐き、パジャマ姿で買い物に行き、上半身裸で囲碁を打ち、ところかまわずゴミを捨てる、こういう光景もまだまだ見るとはいえ、格段に少なくはなった。

大都会では煙草を吸える場所も減った。公共施設は分煙である。禁煙の表示を掲げるレストランも増え始めた。

数年で目まぐるしく変貌する中国社会に「中国人はよくついていけるなあ」と感心させられる。こういったお上《かみ》の通達に対する中国人の変わり身の見事さは、生きる知恵、技であり、DNAなのかも知れない。

また、豊かになった中国人は国内旅行では飽き足らず、海外に目を向ける。これからは富裕層を中心に海外旅行が大ブームとなる。留学生も含めて、視野を広げた旅行者は何かを吸収して、帰国する。確実に海外の品質を中国へ持ち帰る。ただし、中国式旅行を変えることは当面なさそうだが。

二〇一〇年、日本を訪れた中国人は前年の四〇パーセント増だったという。ベンチャー企業の御曹司で、二〇代前半の中国人男性は日本旅行を終えて、次のように語ってくれた。

「上海や北京が発展したと思っていたけれど、日本はスゴイ。特に東京は一〇年から二〇年は先を行っているのではないか。どこを見てもきれいだし、日本人も礼儀正しい。日本のラーメンもいい。吉野家の牛丼もうまかった。でも、何であんなに安いのだろう。北京の日本料理屋で食べる牛丼の半分の値段だよ。ラーメン店での自動券売機も面白い。人口が密集している場所では効率が要求されるんだね」

そして、彼は続ける。

「トイレで紙をそのまま流せることには驚いた。他の中国人旅行客はそのまま中国式にポイ捨てしてたよ。もっと日本のことを知らなきゃね」

年が若いせいもあって、考え方は柔軟だ。こうした世代を中心に中国はもっとオープンになっていくだろう。

「でも、一番面白かったのが、道を尋ねようと片言の日本語で『スミマセン』と声をかけたら、その人は日本滞在の長い中国人で、結局中国語を使った。日本で暮らす中国人が増えていて、便利だね」

ますます高揚していく中国人の民族意識

日系企業は中国の豊富で安価な労働力を利用し、商品を生産してきた。九〇年代以降、日本市場にあふれる家電、衣料、家具といった製品の多くは中国製であり、それが日本経済のデフレの要因となった。

かつて、日本製品（特に家電）に対する中国人の尊敬は凄まじいものがあった。九〇年代中頃、私のホームステイ先の中国人家主は日立製の冷蔵庫を使っており、絶賛していた。

「一〇年使っても壊れない。日本の品質はすばらしい。中国製は駄目だ。本当に駄目だ。すぐに壊れる」

そう言って、九〇年代の反日教育の嵐が吹き荒れるなか、日本を称賛してくれた。一般の中国人もテレビといえば、松下（パナソニック）、ソニー、東芝などの日本ブランド志向であり、買えなくてもその価値は認めてくれていた。中古品屋に行けば、並んでいるのはほとんど日系の家電であった。表面的には日本を嫌悪していても、日本製の品質は中国社会に認知されており、日本は白モノ家電や自動車を通して、中国社会に溶け込んでいたのである。

これが九〇年代当時の中国人の一般的認識であった。一〇数年前まで、日系と中国系の製品には、歴然たる品質の差があった。ところが、長続きはしなかった。九〇年代後半から中国製品が急激にレベルアップしてきたのだ。その要因として、私は次の点を考えている。

改革開放路線の強化という政府の後押しがあり、法的な優遇措置も重なって、中国の企業家たちばかりでなく、勤勉な技術者たちが活躍できる土壌が整ってきた。また、八〇年代、九〇年代の外資の進出や合弁を通して、生産の「ノウハウ」を貪欲に吸収していった。中国人は日本人以上に、豊富で安価な労働力の活用法を熟知しているから、いいものをさらに安く作れる。また、優秀な留学組が海外（欧米、日本）の手法や感覚を持ち帰ってきたことも中国の発展に寄与しているだろう。

品質の向上は民族意識の高揚にもつながる。中国にとっては結構なことだが、日本にはどうだろうか。感心してばかりもいられないのである。

経済成長に伴い、中国人は〝自信〟を持ち始めた。品質向上が普遍化すれば、中国人民のモチベーション、民族意識もさらに高まる。

「何だ、中国も最近まで貧しかったが、頑張れば、日本に追いつけるのではないか。日本と同品質のものが作れるのではないか」と考える中国人が確実に増え始めている。経済的に遅れをとっていたけれど、肩を並べるとまではいかないが、背伸びすれば届きそうなところまで来たことに気づいたのである。

日本にしてみれば、最先端の微細加工技術、すり合わせ技術、精密部品加工技術、電気自動車、光学機器など、油断さえしなければ、優位性は今後も変わらないはずであるし、このお株を奪われてはたまらない。日本のお家芸はやはり「技術革新」であり、テクニックは常に切磋琢磨していないと劣化してしまう。しかし、先行きは明るくない。後継者不足に直結する少子高齢化も日本には不利な条件である。

高級品、高性能品はまだしも、大衆向けの汎用品はすぐに中国に追いつかれる。「日本は技術大国で中国は生産大国。日本の技術は、そう簡単に追いつかれない。だから大丈夫」と、過去の栄光の上にあぐらをかいていては危険である。

「コピーされない本物ブランド」の創出が日本の生命線

中国人は生産技術のレベルを上げているだけではない。日本的な「持ちつ持たれつ」の習慣は持たないが「大胆な発想や戦略構築」と「ビジネス感覚」においては、中国人事業家は優れている。衣類、家電、自動車、家具、道具……等々、日本でもお馴染みの汎用品は「中国の専売特許」であり、メイド・イン・チャイナはすでに不動の地位を築いているのだ。

中国がさらに次の一手を本気で考えたなら……。

国家プロジェクトで、世界中から優秀な技術者を集め、高付加価値の先端技術を苦もなく生み出すだろう。場合によっては、優良な日本企業を合法的に買収して、日本的なシステムをそのまま活用する。汎用品は中国で生産し、もっぱら高付加価値商品だけを日本で生産させる。そういう生産戦略も使い分け可能だ。

中国がその気になれば、の話だが、可能性は高いと考えておいた方がよい。これまでの日本は欧米ばかりに目を向け、アジアにおける絶対的先進国として君臨していた。中国を貧しい人口大国と見下していた。しかし、技術力は着実に日本の水準に追いつきつつある。距離が縮まっている。まもなく足音が聞こえてくるだろう。

かつて、ホンダが軽自動車N360を売り出した六〇年代末、「貧乏人のミニ・クーパー」と冷笑した欧米のメーカーが一〇数年後には顔色《がんしょく》を失ったことを思い出してみよう。歴史は繰り返すのである。

考えようによっては「コピーされるうちが華《はな》」なのかも知れない。コピーされるということは、まだ日本が優位ではあるが、一方の中国にコピーする能力があることの証明であり、その技術を追い越す可能性を秘めているということでもある。

対抗するには、日本にしかできない、よりよき本物（ブランド創出）を追求することしかない。本物は唯一絶対の存在である。日本は現在の延長線上でテクニックを磨くだけではなく、本物を新たに創出する努力も必要であろう。

貿易に従事している中国人経営者が語ってくれた。

「小日本・でも品質のすばらしい技術大国」から、「小日本・技術もマアマアな国」に今後なるのではないか、と。

中国において、二〇一〇年代初頭から二〇二〇年くらいまでは、本格的品質の時代を迎えるための、外資も中国企業も葛藤《かっとう》の時代であり、過渡期ととらえるべきである。

知的財産権に関する法整備も進むであろう。この期間はいわば準備段階だから、短期的な利益には固執しないことである。コピーはけしからん、と摘発に終始するのではなく、かつての日本の白モノ家電が中国社会に溶け込んでいったように、次の本物を創出し、新たな尊敬を勝ち取るしかない。コピーされるうちが華、コピーされなくなったら終わり。コピーされない商品創造が日本の生命線だ。

ロレックスのコピー腕時計をはめていた日本人総経理

余談だが、ある上場企業の日本人総経理（社長）が自慢していたことがある。

「このロレックス、香港で買ったんだが、偽物、コピー品なんだよ。まったく見分けがつかないよな」

これを聞いていた中国人の部下は「日本人の品格も落ちたものだ」と、侮蔑の色を浮かべて吐き捨てた。翌日、このニュースは中国人社員の口から口へ、電光石火で伝達されたことは言うまでもない。

金持ちが増えた中国、そして競争の激化する都会において〝日本人〟にはかつての勢いはない。日本人であり、日本語ができるというだけで、厚遇された時代は終止符を打った。中国で働く日本人も、中国人との熾烈な競争なのである。

自動車関連部品を扱っている日系大手企業の総経理は語る。

「日本人を抱えていてはコスト競争力で太刀打ちできない。現地で働く日本人も、中国人（コスト）との競争だ。中国人にも日本語の流暢な人材は多い」

また反対に、日系企業のトップが中国語に堪能で、通訳さえ必要としないケースもある。日本人が中国で優位性を発揮するには、語学力や適応力は不可欠で、かつ日本人にしかできない発想や事業能力（中国人に「これは勝てない」と認めさせる能力）を維持、発展させることも必要である。

勘違いしてもらっては困るが、中国では、ありのままの日本的感覚はそう簡単には受け入れられない。コンビニにしても日本料理店にしても、中国風のアレンジが必要である。成功している商売は〝日本〟をそのまま持ち込んでおらず、中国の消費者を意識している。しかし、方向を間違えた中国化も失敗を招く。

ある上海近郊の不動産会社の総経理（中国人）が語ってくれた。

「日本人の若い現地社員がいたんだけど、どんどん中国化してしまい、ある日本人女性はまともに化粧すらしなくなった。そして、ある日本人男性はスリッパみたいなものを履いて出社してきた」

それぞれ、そこそこ中国語はできたが、まもなくクビ（？）になったそうだ。

日本人であることが武器として通用しなくなりつつある今の中国では、ますます日本人には努力とチャレンジ精神が求められる。ただし、「将来をデザインし、気長にじっくりと見守る」くらいの心構えでないと、中国での成長は期待できない。

中国ビジネス・成功のヒント

「品質」に金を惜しまない中国人が急増している。よって「高品質＝ブランド化」する戦略構築が求められる。また、汎用品でも、その質を維持向上するための日本式品質管理手法の導入は、中国企業でも有効策。まだまだ歓迎される。

〔第四章〕

同じような顔でもこれだけ違う中国人と日本人

アバウトな共同体と化した日本社会

現在の日本は「アバウトな共同体の集合」に見える。家族、親戚、友人、会社、地域コミュニティー……。どれをとっても、現在の日本ではアバウトな人間関係である。どこかに帰属していないと不安だという心理がさらに共同体をアバウトなものにしているようにも思える。

つまり、核家族化が進み、過去の地縁や地域社会が崩壊してしまったために生じている現象である。人々は集合体や組織を構成しているが、本質的な結束には欠けている。家族というものも、血のつながりはあっても、アバウトな小共同体になりつつあり、それぞれが役割を果たしているようには見えるが、内的結束に欠け、何となく寄り添っているだけのようにも思える。

現在、フリーターやニートを憂う声もあるが、社会性を持たずとも生きていける環境がそうさせているわけであり、危機意識に欠けるともいえる。個人で克服できる危機はたかが知れている。大きな危機は団結しなければ乗り越えられない。だが、そもそもこの国に何の危険があるかと、のんきに構えているのだろう。

日本人は外圧に弱い。本当の外圧が来ない限り、つまり、危機が生じない限り、一致団結することはないのかも知れない。

世界に移住した日本人は数多いが、彼らとのネットワークに華僑ほどの強固さは感じない。

「よその土地に移り住んだ奴らと協同などできない」という日本人の排他性のためもあろう。最近、アジア各地で活動する日本人たちに「和僑」ネットワークを構築する動きがあるのは大変結構だが、絵に描いた餅に終わらせないためには、切羽つまった危機感があるかどうか、それが鍵である。

日本は「天災」の国、中国は「人災」の国

日本には天災というものがある。

地震、津波、台風、火山の噴火……。これらに見舞われると、血縁、地縁を越えて、互いに協力しなければ生きていけない。日本人は土壇場になると団結もするが、喉元過ぎれば熱さを忘れるのも早い。自然災害に対する安心、安全の追求が共同体を結束させてきた要因の一つだったのだろうが、一旦それをしのいでしまうと、団結力は散漫となるようだ。

経済の高度化は安心、安全を求める。いつの間にか、日本は平和大国の幻想に陥り、危機を内包しながらも、それを実感できずにいる。

日本人が属していた共同体の権威は、バブル経済とその崩壊をもって失墜した。国家、学校、会社ばかりでなく、伝統的に守られてきた家族、地縁、地域共同体の権威も同様である。

家族的共同体くらいは残してもらいたいものだが、仕事上の共同体は所詮、限定的な人間関

係に過ぎない。現代の若者は、仕事上の人間関係を敬遠する傾向が強いといえるのではないだろうか。勤務時間を離れてまで、会社の同僚とつき合うのはご免。個人の時間が優先であり、仕事を離れた仲間と寄り合う方が〝楽〟なのである。

一方、中国にも天災は多発している。二〇一〇年四月も西部の大地震がニュースになり、洪水、旱魃《かんばつ》も起こる。しかし、環境対策、灌漑《かんがい》整備などの対策ができていれば、あるいは救援が早ければ被害を最小限にすることが可能な災禍ばかりであって、人災といえる部分も多い。

また、中国は人災の歴史を繰り返してもいる。旧皇帝の腐敗、戦乱と貧困、新皇帝による統治。大きいが弱い国だった時代には、先進国列強に虐げられてきた。こうした混乱の繰り返しで、生き抜くために脈々と受け継がれているのが独自のネットワーク社会ではないだろうか。

中華圏のみならず、華僑・華人を通じて、全世界にそのネットワークを広げ、己の文化を守り、その国に適応しながら、ネットワークを構築している。世界中にチャイナタウンがあり、彼らは中国語を使い、中華料理を作り、自らの慣習を守り続けている。異文化の中で生き抜くために頼れるものは、この「ネットワーク」であり、普遍価値の「お金」である。中国人が拝金主義といわれるゆえんがここにある。中国人は血縁、地縁を駆使し、徹底的に団結する。これが拡大されて「圏子（チュエンズ）」と呼ばれるネットワークを構築する。この結束力は、日本の共同体の比ではない。

「面子」とは「個人の利益が守られる」ということ

政府への不信は、今に始まったことではなく、数千年の歴史以来、受け継がれてきた中国固有のDNAではないだろうか。「上有政策、下有対策（お上《かみ》に政策あれば、人民に対策あり）」と中国人は言う。戦乱や迫害が続いた歴史の中で、少しずつ不信感を培ってきたのだ。

中国人はずばり、〝わがまま〟である。現在の中国人も強烈に個人の自由を求める。自己主張も〝天下一品〟である。ただ、そんな好き勝手が許されるのは、家族や友人たちで形成される「圏子（チュエンズ）」というネットワークに限られ、そのグループ内は自由気ままな無法地帯といえるが、外の世界に対しては、たとえ同じ中国人であっても冷酷である。というより、無関心である。こういった独立独歩の集合体によって、ワイワイガヤガヤと構成されているのが中国人社会である。

従って、一旦、バランスが崩れれば、すぐに喧嘩、紛争となる。強力な権威がなければ、この国をまとめるのはむずかしい。権威がないと、一般の中国人も実は困るのである。権威は、個人レベルならば「面子」となる。

「中国社会は面子の社会だ」と表面だけで決めつける声があるが、それは正しくない。現実の中国社会は「生きていくためには面子なんて構っていられない」のである。

面子というものは、高級官僚や上層社会（いわゆる権威の必要な階層）ほど重要視される。そして、圏子内部の身内である家族や友人の面子を立てるのが彼らの習慣である。しかし「圏外」に対しては、面子を立てることも立てさせることもない。少なくとも、私は見たことがほとんどない。

一般的には、面子よりも大事なのは個人の利益（金）である。であるから「面子を保つ」とは「個人の利益を守ってあげる」と言い換えることができそうである。

「ご縁」を大切にする本当の理由

また、中国人は「ご縁」を非常に大切にする。

列車の中で、飛行機の中で、タクシーの中で、出会いを大切にする。すぐに打ち解け、他愛のない会話を始める。一三億以上の人口の中で、知らぬ同士が出会う確率は極めて低い。「袖振り合うも多生の縁」というわけだ。

「官農工商」それぞれが縦横にネットワークを作り上げ、お互いに情報を交換し、生き延びる知恵を共有する。ネットワーク内部の家族、友人に対しては絶対的な信頼関係を築き、助け合う傾向が強い。

中国では「個体戸（ガーティーフ）」という、個人企業（一族ビジネス）が一般的かつ圧倒的多数だが、実は同業他社をまるで寄せつけず、信頼もしないのである。中国人同士でも、ネットワーク外で仲がいいなんて例はごくまれだ。ネットワーク、つまり縄張りの内部での身内意識は不可侵なものの、外に対しては、極めて冷酷な一面を持っている。

中国人は常に「是々非々」、相対性を明確にしたネットワークを構築しており、これは「個人主義の原点」ともいえる。他のネットワークを牽制しながら、自らを守るのである。口汚く悪態をついていた相手であっても、メリット（決して金銭だけではない）があるとわかると、途端に褒めちぎる。これで友情が成立すれば、圏子《チュエンズ》（ネットワーク）拡大ということになる。

昨日の敵も今日は味方。日本的感覚だと節操がないように見えるが、そこには陰湿さはないし、これが大陸的ということなのかも知れない。「是々非々」であるから「好きか嫌いか」なのである。「合うか合わないか」なのである。中途半端がない。

こうしたネットワークの最大の欠点は、ビジネスが個人中心の一族一代で終わりがちなことだ。多種多様の人々が集まって、同じ目的へ向かおうという組織中心の日本のように、五〇年一〇〇年と続く優良企業を育てるには適していない。ここが中国の短所でもある。

中国人社会は官農工商、どの組織階層にも、日本の政治（永田町）レベル以上の派閥争いがある。自尊心が強く、個人主義であるから、各エリア間でもなかなか仲よくなれない。同じ会社に勤めていても「呉越同舟」なのである。この点を心得ておかないと、中国での労務管理はむずかしい。刻々と変わる法律以上に「社内の人間関係と力学を観察すること」が重要なのである。

一方、中国人のお国自慢、郷土愛は敬服に値する。日本では社会の目安が都会にあり、それに追いつけない地方は〝田舎〟と蔑視されがちである。しかし、中国では違う。出身地がたとえ貧しいところでも、卑下しない。すばらしい場所だと言い切る。自らの土地、故郷、家族を誇る中国人が多いのだ。

よく中国では「班・グループ」という言葉を聞くが、北京人、上海人、広州人、それぞれが出身地のコミュニティを形成する。中国人にとって「ご縁」はこうした圏子拡大（自らの世界拡大）のきっかけとなるから、重要視されるのである。

「人脈イコール金脈」の中国社会の泳ぎ方

「中国は人脈社会」である。むろん、人脈があれば何でも可能だとか成功するというわけではないが、人脈があるのは有利には違いないし、事業にも必要となる。これは中国だけではなく、どこの国でも同様であろう。ただ、「人脈＝金脈」が中国は他国よりも色濃く、深いのである。

中国で、もしくは中国と事業をしようと思ったら、中国人ネットワークに入らなければ、どうしようもない。人脈がなければ、あらゆる損をすることになる。身近な例を挙げれば、役所で一つ手続きをするのもスムーズにはいかない。スタンプラリーのように役所中をタライ回しである。役人それぞれ言うことが違う。「一体、どこで、訊いたらいいんだ？」と、怒り心頭ということになる。

法律や制度が変化し続ける中国では、役所の末端まで育成が行き届きにくいためもあろう。一日に訪れる多くのわがまま中国人（日本でいうクレーマーだ）への対応に、役人たちも服務（サービス）態度維持どころではなく、適当にあしらわないと身が保たないということも、北京で勤める管理職級の役人から聞いている。むろん、役人の「特権意識」がそうさせている場合も散見されるのだが。

これでも九〇年代よりかなりオープンになり、服務態度もよくなっているのである。最近の大都市の役所では、順番待ちのカードが配布され、電光掲示板で順番を表示し、きちんと対応してくれるようになった。どこか、日本の大病院や銀行のような雰囲気である。列に割り込んで窓口へ突進する中国人の姿は、減少しているように思う。

人脈があれば、どのように、誰に確認すれば早く結論が出るか、有効な方法を教えてくれる。「早い話、賄賂だろ！」と憤る日本人もいるだろうが、現在の中国、特に大都市では決してそうとも言い切れない。結局は「友人・朋友関係が大事」という、シンプルかつ中国では最も重要な行動原理に帰結する。

日本でもそうだが、友人たちとの約束で予定がバッティングすれば、誰と会うかは優先順位に従うことになる。人口の多い中国では「誰を優先するか」となれば、当然、家族や友人なのである。つまり、ネットワークの中心に近い人ほど優先されるということになる。

中国で五年目を迎えた食品関連企業の日本人総経理（社長）が、とある地方で地方政府の有力者を交えた宴席に参加し、「何度も握手して、名刺交換し、酒も飲んだ」、だから「俺には人脈がある」とばかりに悦に入っていた。

だが当然、有力者であればあるほど多くの人間と会い、名刺交換するし、挨拶を欠かさない。だからといって、中国人との人脈、パイプができたかどうかは別問題である。日本だけではなく、アメリカ、ロシア、韓国、北朝鮮、アフリカ諸国とも、多くの企業や人間と「全方位外交」を展開しているのが中国人である。そのネットワークに入れたかどうかを決めるのは中国人であって、外国人ではない。

固い握手を交わしたところで、相手側のネットワークが「あなたとの関係にはメリットがある」と認識してくれなければ、所詮他人であり、簡単に足元をすくわれる。無視、裏切り、密告……何でもアリだ。相手側には良心の呵責《かしゃく》など皆無である。

中国での人間関係構築は実に至難のわざである。ただ、私が思うに、中国においては「利」

の関係は「利」で終わる。本当の友人や朋友は、時には喧嘩もし、言いたいことをぶつけ合いながら、相手を尊重し、信頼関係を形成するものであろう。となれば、人間関係の構築には必ず時間と投資が必要なことを忘れてはならない。

そうした人間関係のありさまは中国に限ったことではあるまい。万国共通だとは思うが、中国の場合は特に〝色濃い〟のである。

日本もバブル経済以前では「コネ」という人脈社会が存在し、就職の現場では縁故採用だって珍しくなかった。バブルの反省から、そうした不公平も是正に向かっているが、「縁故」を受け入れる余裕がなくなったというのが正直なところだろう。

日本では「企業」対「企業」のつき合いが色濃いが、中国では「人」対「人」のつき合いがまだ根強いことを忘れてはいけない。日本では、企業から離れることは社会からの離脱にさえつながる。どんな上場会社の社長でも役員でも、いったん会社を辞めれば、年賀状の数も激減するだろう。つまり、会社内部だけのつき合いのサラリーマンがほとんどではないか。

それは日本のビジネススタイルが「個人」対「個人」の取引ではなく「組織」対「組織」の関係だからだ。ところが、中国人は会社を辞めても「友人は友人」なのである。日本人を含めた外国人にとっては簡単なことではないが、「友人」関係の構築に努めねばならない。熱意と誠意をもって。

「官農工商」それぞれが生き抜く道を心得ている

「官」は、農工商という人民と国家や地方の経済を管理し、許認可を牛耳《ぎゅうじ》り、権力を握っている役人たちだ。高度な頭脳集団でもある。官の腐敗は過去も今も指摘されているが、腐敗の概念が多少、日本とは異質である。王朝の歴史を繰り返している中国は、天子、つまり皇帝の存在によって成り立ってきた。今も変わらず、その統治構造に変わりはないのでは、とも考えられる。

国家主席という「皇帝」。そして、その脇を支える「エリート官僚」。中国共産党がこの国を実質支配しているのである。五六の民族を構成する一三億以上の人民と九五九万平方キロの国土を支配するエリート集団である。

天子は絶対であり、その統治を批判はできない。批判はつまり革命を生むことになり、世の中が混乱する。法が及びにくいのは当然である。なぜなら、法は天子以外の官農工商を統治するために存在しているのであり、治安を維持するための道具だからである。

官僚の腐敗を糾弾するのも、権力闘争のあげく、噴出する場合がほとんどであって、また見せしめ的なデモンストレーションの意味合いもある。結局、法は天子（共産党）が統治を堅持するための手段の一つでしかない。天子に法は及ばないから、腐敗を根絶できないのは当然である。

西側先進国は中国に民主化を要求し、かつ人権問題を外交カードに使うが、この国の構造力学や悠久の歴史を、伝統を、慣習を、短期間に「西側化」することは不可能である。力ずくでそんなことをすれば、中国人民にとっても不幸な結末となってしまうだろう。

民主化運動を行った人々が投獄され、また国外逃亡を余儀なくされたことは遺憾であるが、現状の中国社会での民主化は国の分裂を招き、内乱さえもたらしかねない。

そもそも、一般の中国人は「民主」という理念をどれだけ理解しているだろうか。「一般の中国人」とは、労働者の大部分を占める農民工（農村出身の肉体労働者）たちのことである。教育水準も高いとはいえず、まともに読み書きできない人も多い。

私がさまざまな農民工たちと会話して感じることであるが、彼らには「食うに困らず、家族、身内が健康であれば幸せ」というだけの、古今東西に共通の生活意識しかない。つまり、日々の生活を脅かさなければ「良い政権」なのであり、生活を脅かせば「悪い政権」となり、そして暴動へとつながっていく。

広西省出身の出稼ぎ労働者から「統治者が誰であろうと生活の安定と保障があれば、それで文句なし」と聞かされたことがある。中国の労働者人口は約八億。大変な数だが、現在の共産党には、彼らの「最低幸福実現」が最優先事項となることは言うまでもない。

中国の農民工には国家やイデオロギーよりも、生きる環境が大事。生活が豊かになってくれさえすればいいのである。統治者が何者であるかは無関係。これが農民工のＤＮＡでもある。農民工たち自身もこのＤＮＡを生まれながらに受け入れているのではないだろうか。不満や反発はいつも存在しているが、何者かに統治されることを望んでいるようにも思われる。天子が存在し、治安を守ってくれれば、それでいいのである。

「農」は、この中国の基盤を支えている。統計方法によって異なるが、約九億人が農村人口であり、彼らの生活をいかに底上げするかが中国の将来を決めるといっても過言ではない。

この農民たちは伝統的というか保守的というか、進取の気象に乏しいというか、日常の生活が安穏であれば、それで満足なのである。もちろん、最近では有機野菜に挑戦したり、鑑賞用の花や植物を栽培するなど、都会向けに新たなビジネス展開する「豊農民」もいないわけではない。このような発想を持つ農民は、市場経済の恩恵をいち早く受けるが、それは一握りでしかないことも事実である。

「工」は、モノづくり。ブルーカラーとして、いわゆる３Ｋを背負う。中国大発展の功労者たちであるが、恵まれた環境にあるわけではない。都会に出てくるワーカーは「抱住抱吃（バオジュバオチ)」といって、住居と食事(賄いレベル)を提供されるのが一般的である。住居といっても、いつ泥棒に入られてもおかしくない粗末な部屋に五人も六人も押し込まれる。飯場や寮生活のようなものである。日系等の外資企業では、エアコン付きの快適な寮が準備されていて、待遇は飛躍的に改善されている。しかしそれでもワーカーが集まらないという現状もある。

月給は都会でも一五〇〇元から二〇〇〇元レベル。日本円で二、三万円といったところである。この給料では何とか生活はできるにしても、生活物価の上昇に伴い、実家への仕送りは厳しくなっている。都会の誘惑で少しでも遊ぼうものなら、あるいはお洒落でもすれば、たちまち給料は飛び去ってしまう。九〇年代や二〇〇〇年代とは明らかに違っているのが、現代都会のブルーカラー事情である。

「商」は「農民工」を利用し、情報網を駆使して、抜け目なく金を転がしていく。彼らこそが拝金主義集団である。中国人の経営者で、福利厚生を充実させることや社会貢献など考える者は今のところ少数派だ。

彼らも生き抜くことで必死なのだ。「油断したら、家族まで泣くハメになる」と、不安を隠せない設備メーカーの中国人経営者もいた。頭の中は「早く、多く稼ぐこと」でいっぱいなのである。他人のことなど構っていられない。

もちろん、時代の流れとともに変貌しつつあり、従業員を大切にすることが会社の繁栄につながると考える経営者もいることは確かだ。著名な経営者の中には、数億円単位を社会還元する者もある。だが、そうした公益の意識が当たり前となる日は、まだ遠い先だろう。

中国社会は「五つの階層ピラミッド」で成り立っている

改革開放以来、貧富の格差が激しくなっている。北京や上海では、物乞いやホームレスへの取り締まりが強化され、九〇年代ほどにはこうした人たちを目にしなくなっているが、見えないところでは確実に増えている。否定できない事実である。

大都市内部での格差ばかりでなく、大都市と地方都市（農村）との格差も存在する。今の中国は「先豊論《せんぷろん》」をひた走っている。豊かになるべき者、豊かになれる立場の者がまず豊かになりなさい、という政策である。

北京、上海、広州、深圳などの大都市を見るだけでも、その実態は富裕層から出稼ぎ労働者までの階層がピラミッド構造（ヒエラルキー）となっている。

一握りの富裕層は、ゆうに数十億円の資産を持っている。不動産、マンションを複数保有するだけでなく、運転手つきの外車に乗り、別荘を建てる。

ホワイトカラーも増え、各都市の中間層である数百万人は、平均的日本人と同等の暮らしをしている。共稼ぎをし、ローンで家を買い、ブランド家電が揃い、自家用車を持ちつつある。週末や休みは郊外へ旅行に行き、一部はゴルフも始めている。これがミドルアッパーとなると、高級車、海外旅行、別荘の購入へとグレードアップしていくわけである。

中国の大都市には二億から三億人規模のマーケットがあり、中間層だけでも日本の人口に匹敵する約一億人という魅力的マーケットが、大量消費の火付け役となっている。

ピラミッドの底辺にいる一般労働者も贅沢を言わなければ、生計を立てられる。家賃もピンからキリまで幅があり、前述したが、一日一〇〇円程度の食費でも暮らせるし、逆に一万円で足りないこともある。要は身分相応ということだ。ただし、都会に限っての話で、農村はまた事情が違う。

中国の超高速成長は、まだ一部の沿岸都市に限られていることを再認識してもらいたい。「中国の発展はスゴイ!」と感嘆する人には、発展した沿岸都市——そびえ立つ摩天楼、ネオンサイン、高級飲食店、それらしか見えていないのである。

中国人民の大多数、九億人は農民であり、日々の生活にあえぐ人たちもいるが、とりあえず、衣食住は何とか成り立っているというのが現状であろう。農民の一部(一部といっても約二億人)はより高い賃金を求め、親戚友人を頼って都会へ出て、農民工となっている。

中国では、省をまたいでの移住には厳しい制約がある。沿岸都市への過度の流入を避けるためであり、治安を維持するためでもあるが、戸籍の異動もままならない。しかし、沿岸都市での発展は農民工によって支えられているといっても過言ではない。彼ら出稼ぎ労働者が、都会のピラミッド構造の下層部を流動的に構成しているのである。

胡錦濤《フーチンタオ》国家主席は二〇一一年から始まる新たな五カ年計画で、国民生活の向上を打ち出しているが、「国民全体の生活向上」ではない。改革開放の父、鄧小平が唱える「先富論」によれば、豊かになる者がまず豊かになり、その後、段階的に豊かさを底上げして、全人民に行き渡るのは、二一世紀半ばということになっている。つまり、「一時的な」貧富の格差を容認しているのである。貧富の格差は成長経済の証ともいえる。

社会主義市場経済の実験のなか、今の中国では資本主義的なヒエラルキーが形成されている。「一部の資本家」「アッパーホワイトカラー」「ミドルホワイトカラー」、そして「一般労働者」、圧倒的多数の「農民」という構図である。大体、この「五階層」に分かれている状態と考えられる。

中国で事業をやっていくなら、各階層の存在を理解すること。そして、それぞれの階層別にネットワークを持つのがベターである。このネットワークを縦横に張りめぐらせると強固になる。縦軸に五つの階層ピラミッド、横軸には自分の目的に合わせた職種の人脈を作っておく。「官僚」「資本家」「技術者」「マスコミ」「労働者」……。労働者も「ホワイトカラー」と「ブルーカラー」に分かれるが、それぞれとネットワークを構築する努力をすべきであろう。

人はそれぞれが情報を持っている。中国では、人脈は情報であり、金なのである。中央官僚は言うまでもない。中国の政治法律のすべてを決定する彼らとのパイプは、マクロを読み解く鍵となる。

地方官僚はそれぞれのエリアでの実質支配者であるから、これも重要。

中国は5つの階層ピラミッド

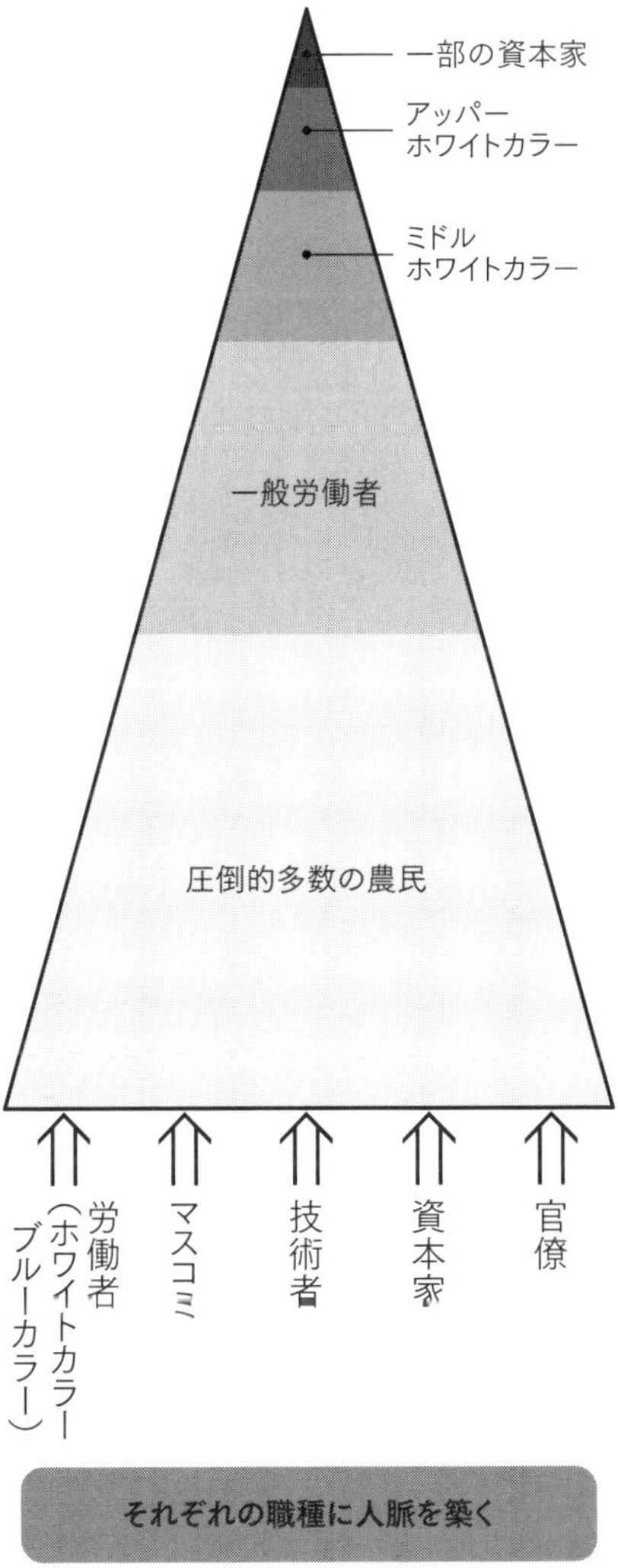

資本家は事業の成功者であるから、金儲けに直結する情報、人脈を持っているし、政府との結びつきも強い。いわば、政商的存在である。このクラスと人間関係を構築できれば、人脈はさらに大きく広がる。

アッパーホワイトカラーは経営幹部や管理職。ホワイトカラーは一般職員。労働者は日雇いも含め、工場での単純ワーカーや、飲食店、バーなどの従業員、そして、農民。

健康志向から、有機栽培、無農薬野菜も注目を集めており、農民を制する者が中国を制する感があるが、農民がいかに安心して暮らせる世の中をつくるかは、中国の歴代王朝や政権にとって、もっとも重要な課題、命題であった。

ビジネスマンでも農民を軽視することは禁物だ。彼らと人脈を作り、その意識、興味、不満を知っておくことは、中国の将来を占うために大切であろう。そしてビジネスの有効策の一つである。

中国ビジネス・成功のヒント

中国社会では「口コミ」が最大の武器である。流行発信地でのネットワークを構築すれば、ビジネスアイデアをたちどころに手にできる。

〔第五章〕

中国ビジネスに必要なのは まず「自己主張」そして「体力」

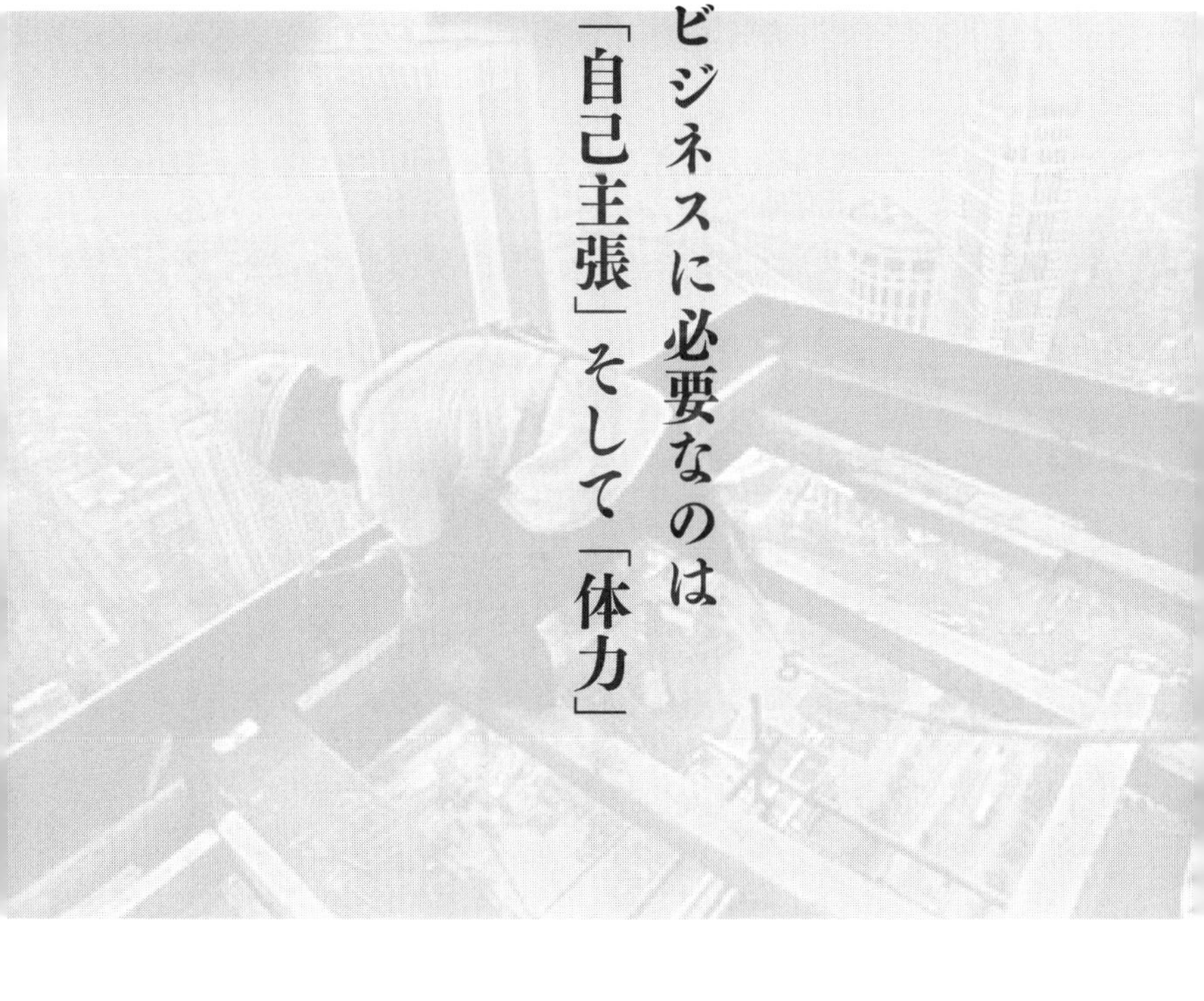

主張することは中国人にとって生きている証

中国人はハッキリ自己主張をする。遠慮は損だとさえ考えている。控えめを美徳とする日本人には、なかなか理解できないかも知れない。もちろん、そんな日本人の特質も最近はかなり様変わりしていると実感せざるを得ないのだが、ここは中国人と相対的に比較してみよう。

日本人は謙譲の精神と引き換えにストレスを溜め込む。つつましく謙虚に生きる人間は日本では好かれるし、槍玉にあげられることも少ない。「腰が低い人」という評価は日本社会では賛辞であり、社会人として合格という扱いを受ける。

しかし、中国人は、たとえば、レストランで配膳が遅れれば、店長を呼びつけ、血相を変えて罵倒する。味がまずければ、想像するだに恐ろしい。一歩も引かないし、人様がどう思うかなんてことは気にしない。最近では、マナーらしき感覚も身につけ始めたようであるが、九〇年代は、喧嘩、口論、時には夫婦喧嘩ですら公然と路上で行われ、野次馬が取り囲み、ニヤニヤと観戦していたものだ。止めに入るわけでもなく、冷淡に両者を見ている。

観衆が集まれば、喧嘩もエスカレートしていく。自転車があふれ、自動車も渋滞する。公安がへらへらとやってきて、仲裁に来ているのやら楽しんでいるのやら、「ハイ、喧嘩はやめて。皆、家に帰るように」——とりあえず、それで幕引きとなり、一件落着。現在でも時々見かける光景である。

主張すること、主張できることが、中国人にとって生きる証でもあるから、譲ったら負けである。すみません……なんてとんでもない。まずは、自己主張である。「自分は悪くない」とあくまで突っぱねる。

中国人の言い訳の図々しさは天才的である。しかし、陰湿ではないというか、簡潔というか、実に愛想も工夫もない言い訳である。「遅刻をしたのは渋滞のせい。居眠りをしたのは仕事がきつすぎるためで、会社の責任」等々。すべて、自分以外が悪いと言い切る。ミスを認めることは自己否定につながる、と中国人は考えている。議論に負けてはならないのである。

小さい頃から、日常の買い物で、切った張ったの駆け引きに鍛えられた中国人は、議論に慣れている。日本人は最初は面食らい、苛立ちもするが、彼らの論法に慣れさえすれば、苦笑してしまうこともある。

日本人ビジネスマンは中国人をねじ伏せようとせず、まず相手を安心させることからスタートすればよい。

「わかった、わかった。理由はわかったけど、次はこうして欲しい。渋滞が毎度のことなら、その時間を計算して、早めに家を出るように。不可抗力で遅れる時は電話で一報して欲しい。勤怠は会社のルールだから、ルール違反は減給にするよ」と規則化すれば、大抵は納得する。

もちろん、謙虚な中国人もいないわけではないが、言い訳文化がまだハバをきかせているように思う。

権力と金銭にはからきし弱い一般中国人

中国人は権力にはからっきし弱い。権力とは、警察や老板（ラオバン。社長などのエライさん）、そして当然、利益をもたらしてくれる相手である。自分の言い分をまくし立てていた中国人が、そうした権力者が出現すると、たちまちおとなしくなる。この豹変ぶりは見ものであり、裏表の激しさはしらじらしくもある。要するに、これも損得勘定のなせるわざである。決して権力者を尊敬しているわけではない。

中国では、好き嫌いははっきり言うべきだ。だからといって、相手の面子をつぶすことにはならない。おいしいと思う料理はおいしいと言い、たくさん食べた方が喜ばれる。地方や田舎に行くほど、この傾向が強い。遠慮は無用。そうして初めて打ち解けるのが中国流である。

私は北京留学時代に中央テレビ局職員の家庭に招かれ、ご馳走になったことがある。前菜、揚げ物、炒め物……とテーブルに色とりどりの料理が並べられ、酒を注がれる。

「この茄子の炒め物、おいしいね」と言えば、「もっと食べて」と、大盛りが追加される。

「これはおいしいか、どうか」と聞かれ、「あまり好きではない」と答えると、「じゃあ食べなくていい」と言われる。別に無礼ではない。

自己選択、自己管理はあたりまえ。日本であれば、相手の顔を立て、「おいしいですね」とお世辞を言い、帰宅の電車の中で、あるいは家に帰ってから「あの料理、まずかったね」「ほんと。悪いから言えなかったけど」となる。

日本では、出された料理を残すのは失礼だからと皿を空にするが、中国では、まだ足りないと解釈される。「充分満足。満腹だ」と言わない限り、料理は次から次へと追加されるのが中国流である。

基本的に、中国人（というより日本人以外の民族）は、顔色や態度で、相手の気持ちを読み取ろうとはしない。主張することは生きることなのである。主張することは「〇円」。怒ることも、スマイルも「〇円」。「無料」なのである。

ある食品卸会社の中国人総経理（社長）は次のように語っていた。

「商売の基本は、誰もが知っているように、安く仕入れ、高く売ること。安く仕入れるためには、最適な購入先を選び、さらに買い叩くこと。妥協はしない。徹底的に値切る。相手の懐事情、生活、家族、そんなことは一切考えなくていい。値段だけを考える。そして、最後には、買わない、いらない、と言えばよい。選択肢（取引先）は、いくらでもあるんだ。あわてる必要はない。そのうち、いくらだったら買うかと向こうから歩み寄ってくる。そうして決められた価格が適正な買い値というものだ。むろん、買い値と市場売価は別ものだ。売るときは高く吹っかける。これも妥協しない姿勢を貫く。ただし、落としどころは見つけねばならない。その落としどころが、顧客満足の価格だ。取引先もどこの馬の骨かわからないことが多い。逃げられたら見つけられない。だから、よほどの例外を除いて、信用取引は禁物で、現金取引に限る」

「よほどって?」

「ネットワークだよ。朋友たち。ネットワークの身内なら考える。おまけするよ。損得なしでもいい」

ささいな議論が大惨事になるので要注意

レストランでも、トイレが汚ければ、「きれいにしろ」と、言い続ければよい。言い続けることが大事なのである。口うるさく。

味が悪ければ「こんな料理食えるか」と、苦情をぶつける。常連客になれば、九五パーセントは素直に聞いてくれる。おまけもくれる。ただ、通い続けているうちに、いつの間にか立ち退き閉店になっていることもあるから要注意ではある。人間は経験を経て、そうした勘も磨かれる。「この店は長くない」と予感できるようになるわけだ。

政治に期待するか否かはともかくとして、中国人は政治問題を論ずるのも好きである。教養人だけが語るのではない。ここがポイントである。テレビやインターネットなど、メディアが普及した証であろう。低所得者でも、仲よくなると語り始める。

「日本の首相の靖国神社参拝をどう思う?」

中国では、靖国問題＝侵略の美化という方程式で洗脳されている。一般に、その背景までは理解していない。もっとも、その点は日本人も同様だろう。ほとんどの日本人が靖国問題に興味もあるまい。

政治問題が一部の高級官僚の専売特許ではなくなり、大衆化しつつあるのは、表面的で感情的なメディアの影響が強いのも事実だが、中国人民が社会への参画を意識し始めている証ではなかろうか。彼らは環境問題も高齢化問題も論じるが、何となく底が浅く、ストレス発散、つまり鬱憤《うっぷん》ばらしに近いものではある。しかし、体制と個人の距離が近くなったことは実感できる。個性が強いというより自我が強い中国人に、最近は携帯電話という文明の利器が与えられたのだから、議論も広がるわけである。

ただし、感情的になる傾向が強いので、ささいなことが大惨事となりかねない。この点については注意する必要がある。

マナーも発展途上、焦らず怒らずに対応しよう

マナーに関しては、まだまだ遅れていることは事実である。とはいえ、よくなった方だ。九〇年代は、駅で切符一枚買うのも、マクドナルドでハンバーガー一個買うのもひと苦労であった。次から次へと割り込みに遭い、どれだけ余計に待たされたことか……。

列を作ることの意味や効率など考えていないのである。駅でいち早く切符を手に入れるには、先に並んでいる人にチップを払い、割り込む。これが智恵というもの。並んだら損なのである。中国人は待つことが苦手なようだ。

そうしたマナーも歳月とともに改善されるだろう。日々の買い物も車の運転も、そして反日デモにも、マナー教育が必要である。

企業や店舗が国営ゆえに働いても働かなくても給料がもらえた時代には、サービスという概念すらなかった。店に客が来ても、ぶっきらぼうに突っ立っている。お茶をすすっている。おしゃべりをしている。釣り銭を投げて返す――なんて態度は日常茶飯事であった。これはこの私が現に体験したことである。しかし、さすがに今では、それでは生き残れないことを自覚したのだろう、どこもかしこも「服務第一」つまりサービス第一となり、この一〇数年（一九九六年～二〇一〇年）で大きな変貌を遂げたが、二〇一一年からの一〇年でさらに進化するであ

ろう。

もっとも、わが現代日本にしても、マナーの良い国かといえば、そうとも言い難い。路上に吸殻を投げ、立ち小便、電車内で化粧し、大声で携帯を使い、注意されれば逆ギレ……なんて光景は、誰しも目にしたことがあるだろう。

まず、ゆとりが生まれないと、マナーの確立はむずかしい。まさに「衣食足りて栄辱を知る」である。それから、規制である。「痰を吐いたら罰金」となればたちまち改善されるし、禁煙ブームの到来で、オフィスでもタバコは吸えなくなってきた。空港も含め、公共の場所には喫煙コーナーが設置されている。

中国人はこうした規制への対応は早い。最初は不満を洩らしても、引くときは早い。負けるとなると、逃げ足は実に見事である。

中華料理の円卓を囲む際、オフィシャルでの礼儀、マナーというものはあるが、一般に遭遇する中国人に「日本的マナー」を期待しても無意味だ。各々楽しく自分らしく食べるのがポイントで、それがいわば「中国的マナー」である。周囲を気にする感覚は欠如しているし、その必要もないのである。

こういった慣習的なものは、時間をかけて解決するしかない。あるいは変わらないかも知れない。最終的な切り札は、やはり法的規制ということになる。

掃除人がどこにもいる事情

ところで、中国人の生きることへの執着は、日本人の比ではない。その基本は食事にある。高級珍味からザリガニ、サソリに至るまで、何でも食べる。チーズだけは敬遠されていたが、中国人の味覚も多様化し、今ではピザも普及している。ただまあ、中国人が食事を終えたあとのテーブルは散らかり放題である。

中国人は食べ残しをテーブル上（食器の上ではない）に捨て散らかしていく。レストランでは、それをかたづける専用係が働いている。

中国人が道端でゴミをポイ捨てする光景もよく見かける。歩きながら串物を食べ、そして捨てる。ゴミ箱はあるにはあるが、そこまで行くほど律儀ではない。特に路上の屋台の周りはゴミの山と化する。

ところが、である。朝四時頃には、公的な清掃員なのか、私的な掃除人なのか、人々がどこからともなく現れ、瞬く間に分別し、清掃してしまうのである。朝の出勤時間には、昨夜までの惨状は跡形もなくなり、道路にはゴミ一つ落ちていない。

ゴミを投棄する習慣が是正されれば、こうした清掃人は必要なくなる。そうしたら、彼らは明日からどうやって食べていくのであろう……。

中国では風水が隠れたブーム

風水は中国で生まれたもので、中国人の生きる知恵の結晶ともいえる。文化大革命時代には弾圧の対象ともなったようだが、これは宗教でも信仰でもなく、歴史経験から編み出された、いわば環境整備学・統計学であり、学問である。中国数千年の苦楽の凝縮ともいえる。

方位や運気など、風水に則った住宅建築やリフォームが日本では依然として根強いブームであるが、本家の中国でも風水は盛んなのである。銀行、ホテル、レストラン等々、風水に則った現代建築も増加の一途である。そして、偽物やまがい品も流通している中国ではあるが、本物の水晶やパワーストーンなどの風水アイテムを購入する中国人も増加中だ。よって今、中国ではこれら高級風水アイテムが争奪戦となりつつある。

「儲かるとわかれば、現金を束にして、すぐに動くのが中国商人」である。この商魂は恐ろしい。専門家によれば、ダイヤモンドや金よりも値段の高い高級水晶があるそうである。一〇〇〇万円~二〇〇〇万円もする高級黒水晶彫刻などもその代表例である。「本物を求める中国人」は確実に増えている。もちろん富裕層が中心であるが。

急速な経済発展の中で、さまざまな軋轢《あつれき》も目立ち始めた。そして「明日どうなるかわからない不安」と「不信感」が根底にある現在の中国では、風水頼みの富裕層も増え続けている。

やっぱり中国茶は必須アイテム

中国人はお茶もしくはお湯や水をよく飲む。正式に中国式茶道に則って、優雅に楽しむ場合もある。ひと昔前のように小瓶に茶を携帯する光景はあまり見られなくなったが、茶を飲む習慣はなお根強い。最近では、日本でもお馴染みのポカリスエット、ゲータレードなどのスポーツドリンク、清涼飲料水も若者を中心にコンビニやスーパーマーケットで売られている。

中華料理はカロリーが高いため、お茶やお湯を飲んで消化や脂肪の燃焼を助けるのは伝統的知恵でもある。病院に行っても、挨拶がわりに必ず言われるのが「開水（お湯）をたくさん飲んで」である。中国でも、特に北の地方は大陸性気候であり、朝晩、夏冬の寒暖の差が激しく、乾燥している。水分を常に補給する必要がある。

九〇年代からは、中華料理にお茶という従来の中華伝統に加え、ハンバーガーなど西側ジャンクフード、コーヒーも普及し始め（スターバックスが火付け役）、二〇〇〇年代には、外資に加えて中国資本の西洋風コーヒーチェーン店が全土に展開された。今でも各都市、勢いがある。都会を中心に喫茶店（ステーキ、スパゲティなどの西洋料理＋中華料理も食べられる）が市民権を得たようである。

沿岸都市を中心に食の多様化が進んだ。イタリアンもフレンチもある。中国の朝鮮族と韓国資本がミックスして花開いた韓国料理。そして、北朝鮮料理屋もある。そうした店では、中国語もたどたどしい朝鮮美人が民族衣装を身にまとい、民族舞踊を披露してくれたりもする。

日本食レストランが一気に増えたのも九〇年代からだ。五ツ星ホテルで供される日本食などは敷居が高いが、そこは多様化の中国、一般的な日本食も普及してきた。日本式ラーメンの逆進出。寿司、てんぷらも手軽に食べられるようになったのは、投資ブームに便乗した「中国人の日本食シェフ」が急増したからである。食後は日本茶で締めくくることは言うまでもない。

まだまだ値段が高く、一部の中国人だけが行けるレベルではあるが、中国人にとって、外食は「一カ月に二、三回行けばよい」なのだ。

健康・衛生ブームの到来とSARSの影響

健康第一はどこの国でも同様だが、中国では特に重要視される。中国には「健康是革命的本銭」という言葉がある。「健康でないと革命どころではない」という意味だ。

中国人は健康に対しては非常に気を使う。仕事の手を休めてでも食事の時間は絶対に確保するし、必要以上の無理はしない。アメリカ的といえばアメリカ的である。働く人間は猛烈に働くが、それは一部の特権階層か、残業手当がつくとかリターンが大きいとか、金銭的なメリットがある場合、そして、家族や友人といった「ネットワークのため」に限られる。

中国には旧正月があり、この時期には家族や友人（ネットワーク）とともに過ごすのが一般的である。家庭料理を囲んで、一家親戚の団欒《だんらん》を過ごす。地方によって多少の違いはあるものの、こういった伝統習慣は今も変わらず残っている。都会の出稼き労働者は、たとえ何十時間かかろうと長距離列車やバスで故郷に帰る。休日出勤手当が仮に出るとしても、優先順位はネットワークが上だ。家族や親戚、友人との団欒こそが健康維持には欠かせないのだ。

しかし、最近では都会での出稼ぎメリットも目減りしているため「お金がなくて帰れない」という女性ワーカーもいるし、年中無休、二四時間営業のコンビニやレストラン、娯楽施設などがあふれる都会の中では「仕事で帰れない」という人たちも増えているのが実状だ。

旧正月は金を使うイベントでもある。ある女性ワーカーは語ってくれた。

「実家に帰りたいけれど、家族は私が都会でお金を稼いでいるものと期待してる。皆にお金を配ったり、プレゼント買ったり、ご馳走したり、実家のリフォーム費用も……。往復の交通費も高くなった。色々合わせると、月収の数カ月分はかかる。それに、ちゃんと映るテレビも買ってあげたいけど……。とても帰れる状況じゃないわ」

家族や友人（ネットワーク）への面子が保てないというわけだ。出稼ぎ労働者にとって「心の健康維持」も欠かせないのである。

道を歩けばゴミだらけ、トイレも汚いイメージがあった中国、そして暴飲暴食のイメージもあったが、九〇年代後半から健康ブームも始まった。もともと健康志向の強い中国人だが、さらに科学的に健康を考えるようになった。SARSがそれに拍車をかけたようである。マスクが飛ぶように売れ、健康機器、睡眠グッズも売れるようになった。トイレが一気にきれいになり始めたのも衛生観念のたまものだ。最近では健康食品に対する意識が飛躍的に高まっており、日本食が歓迎されるのも健康食と見なされているためである。

健康重視の中国人であるから、オーバーワークを強制してはいけないし、無理をさせるのであれば、賃金等の保証を明確にする必要がある。精神論には限界がある。日本人の勤勉さを評価する中国人は多いのだが、尊敬されているわけではないことを忘れてはいけない。特に駐在員は高給をもらっているのだから、よく働くのは当然と思われている。そして、あなたの人生は仕事だけなのか、という侮蔑も含んだ評価であることを悟るべきだ。

日本人駐在員はなぜ体調を崩すのか

最近、体調を崩す日本人駐在員が目立つ。とりわけ中高齢者が顕著だ。

中国で働くには、精神と体力のバランスをとらなければならない。慣れているはずの私ですら、二度入院しているし、今も年に一、二回は腹痛と下痢で倒れることになる。中国は物質的には不自由なくなったが、異文化に適応できない外国人は、精神面から崩れ、すぐに変調をきたす。中国は広いので、一カ所に慣れても他の省に行けば、また異文化なのである。

ノイローゼで自殺する日本人駐在員も出ている。突然死も数多い。重病での緊急入院、長期入院も珍しくない。決して、他人事ではない。最近では、二〇代、三〇代も例外ではなくなっている。

広大な国内の移動はハードだし、日本に比べ、交通機関もまだまだ快適とは言いがたい。日本のように定刻に飛行機が離発着することなどほとんど皆無で、機内で何時間も待たされるのは日常茶飯事だ。日本人は苛立つが、中国人はこうした環境で育っているから、ストレスをうまく発散させているようだ。日本人の場合は（慣れてはくるのだが）、小さなストレスが鬱積してしまうのである。

北京、上海、広州、深圳等の大都市への出張はまだよい。しかし、地方や内陸の田舎へ出張となると、移動のタクシーがポンコツの上、道路も未舗装。また、冬の北部地方だと、ホテルの暖房の威力たるや、洗った靴下がものの一〇分で乾くほどであり、喉をやられ、風邪にもかかろうというもの。逆に華南地域へ行けば暖房設備が不充分で、朝晩のホテルの室温が一〇℃と、毛布にくるまって寝ることになる。

中国の東北から華南や香港に近い深圳へ出張するとしよう。中国東北地方では氷点下一〇℃から二〇℃、防寒衣を着用している。深圳に着いたら、二〇℃。高低四〇℃もの温度差があるのである。温度サイクルの実験室に入れられているようなものだ。先にも触れたが、気候の違いは人間の価値観や思考にも影響を与えている。よって、同じ中国人であっても、気候の違うところに住んでいたら、行動様式や文化、習慣が異なるのは当然である。

駐在員が特に注意すべき誘惑の泥沼

駐在員は日本（本社）と現地中国人との間で板ばさみになる。

日本側は日本の感覚でしか判断しないし、中国に赴任したての現地法人トップもまた「バスに乗り遅れるな」的に事業の成功を目論む。その結果、過剰な期待や指示を押しつける。しかし、中国や現場の実態がそこまで追いついていない。

先進国と発展途上国であるから、そのギャップがあるのはやむを得ない。インフラも整っていないし、インターネットも技術的あるいは政治的障害（検閲！）があって、メールチェックさえできない場合がある。現地のトップはその両面を理解するべきであろう。でなければ、現地スタッフに酷である。

特に、初めて赴任する方は、中国人相手にコミュニケーションがとれない。持っているのは日本での経験と肩書きとプライドのみ。社内なら日本人部下もしくは通訳がいるからいいものの、一歩外に出れば、牛丼を注文するのにも四苦八苦する〝よそ者〟である。

じわじわと自尊心が傷つけられ、必然的にストレスも溜まっていく。家族と一緒に赴任している場合はまだ逃げ道があるが、単身者は孤独に陥りやすい。自分は気力で踏ん張るから大丈夫、と突っ張っている人ほど危険である。

週末は、ゴルフに精を出す。趣味に没頭する。仕事以外に息抜きできるものを確保すべきであろう。

それでも、どうしても、日本語で相手をしてくれるカラオケスナックやクラブに足を運ぶことになる。美女ときらびやかなネオンが手招きしている。せっせと通うのは勝手だが、何よりも健康を考えること。老婆心ながら、誘惑の泥沼にはまらないよう、要注意である。

「日本人の中高年はお金を持っているので、特に単身赴任者が狙い目。どの国のお客より金払いがいい。中国人だと、すぐ値切ってくるでしょ。日本人は請求通りのお金を払う。だから、上客よ」

そんな本音を聞かせてくれたのは、中国人のスナック経営者（三〇代女性）であった。

ただし、サービスが悪ければ、徹底的に怒ってよろしい。入れたはずの予約が通っていなかったり、配膳が遅かったり、カラオケの機械が故障していたり、マイク音が悪かったり、駄目なものは駄目と言わないと中国のサービスは改善されないのである。

こういったスナックやクラブでは、日本に比べ格安感があり、手頃であることに加え、若くて美しい中国人ホステスに魅了される。異国の地で、日本では味わえない優越感を覚え、寂寥《せきりよう》を癒《いや》すこともできるかと思うが、さまざまなトラブルもあとを絶たない。

泥沼化しないためには、限度をわきまえ、深入りしないこと。要するに節度を守ることだ。過度の期待は破滅を招く。

「俺は家も買ってやり、生活費も援助したのに逃げられた」と、五〇代の日本人社長が憤っていたが、それはお互い合理的交際だったに過ぎないのである。

一方、ハッピーなケースも実は多い。日本語のできる美人ホステスとつき合い、晴れて結婚という例も増えている。「どうせ金が目的だろう」と訝《いぶか》る日本人もいるが、私の友人たちを見ると、決してそうとも言い切れない。スナックやクラブで働く女の子は、地方出身で、純粋で真面目な娘も多いのである。

彼女たちは言う。「日本人は中国人よりも安心感がある」と。「少なくとも日本人は中国人よりも真面目である」と。そう思い込んでいる娘たちが多いのは事実だ。そして、そういう娘たちが、中国式カラオケではなく、日本式カラオケに出稼ぎに来るわけである。

どこの国も、むろん日本でも、人間は十人十色である。昔のような、生活のために日本人に嫁いだ身売り的な結婚の時代は終わり、多様化した現在の中国では、娘たちにも仕事や結婚の選択肢は広がっている。

夜の争奪戦もグローバル競争を体現している

中国では世界各国の企業がグローバル競争を展開していることは先にも述べた。いわばビジネス版オリンピック状態で、世界中の人間がこの中国で戦っている。もちろん、夜の世界の争奪戦も凄まじい。

日本人は日本式クラブ、韓国人は韓国式クラブ、欧米人はバーやオープンカフェ、ディスコなどを好む傾向が強い。中国人はもちろん中国式クラブに足を運ぶのだが、その飲みっぷりは半端ではない。レミーマルタンやヘネシーなどの一本数万円もする高級洋酒を間断なく飲み干していく。日本のバブル時代はどうだったか私にはわからないが、今の中国では、勘定が一晩一〇〇万円を超えることも珍しくないから驚きである。

働く中国人ホステスもタフでないと身体が保たない。客と同じように「飲め!」という一気飲みが中国の常識だからだ。チップもはずまれるから収入が多いのは確かだが、比較的良心的な日本式クラブで働きたがる中国人ホステスも、実は多い。日本人はきっちり料金を払い、「飲め」という強制も少ない。そして安定収入であり、あわよくば日本に渡るチャンスも生まれるかも知れない、という淡い期待が理由のようだ(日本人客でも暴走する輩がいることは事実で、「日本人なんとかしてよ!」というクレームも散見されるが)。

上海には上品な日本式高級クラブもあるが、日本でいう一般的なスナックや、破廉恥系クラブもまた実に多い。一〇年も続くような老舗クラブは非常に貴重である。

一九九〇年代後半から一気に中国全土に広まったクラブだが、栄枯盛衰も激しく、店のオーナーによっては儲かるとわかるとすぐに転売なんてことが珍しくないため、店の名前がある日突然変わっていたりする。何のコンセプトもなく店が次々に生まれるのも異常だが、それこそが中国的ともいえる。

長く続くお店は、基本的には〝ママ〟の存在感・信頼感が重要である。わがままなホステスを教育し、店を維持するだけでも大変だ。

あるクラブの美人ママは物腰も低く気配りも相当である（ある意味、昨今の日本人女性以上だ）。東京・銀座でも修業し、いわば日本の本場（現場）を経験ずみだ。

「日本と同じレベルにホステスを育成するのは難しいけれど、それに近づける努力をしているわ」

と、研鑽に余念がなく、謙虚でもある。毎夜、上客、常連客で大繁盛である。日本のいわゆる「繁華街」とは比較にならない客の入り様でもある。場所は限られるが、日本以上にサービスのいい、かつ日本よりもリーズナブルなお店が中国では増えているという現実を、日本にいる日本人には知ってもらいたい。

中国ビジネスには若さあふれる元気が求められる

中国でビジネスするには、元気みなぎる若さ、体力が必要である。

中国へ派遣する駐在員は、ズバリ、三〇代から四〇代前半の若手が適している。四〇代後半以降の中高年は、その経験でアドバイザー、オブザーバーとして脇を固める体制が望ましい。もちろん、六〇歳でも、七〇歳でも悪くはない。私が知る範囲でも、バイタリティがあり、中国を理解し、自由自在に動き回る中高年者がいる。だが、あくまで少数派である。一般的には、現場は若手にまかせた方がよいと思う。

健康が維持できなければきつい。また、中国全土、広大なエリアを飛び回らねばならず、肉体的ハンデが出る。同じ冬でも、東北は氷点下二〇℃、南方は摂氏二〇℃という気候と寒暖の差、さらに飲食習慣の違いに耐えられるタフさと柔軟性が必要である。

それでいて、飛び回らないトップはトップと認められないし、特に中国では「トップマネージメントと即決即断」が要求される。宴席も多く、時には夜明かしになる。最近ではだいぶ減りつつはあるが、中国では、飲まねばならない席は日本以上に多く、かつ重要である。

中国での「乾杯」は一気に飲み干すのがルール。特に北京周辺の華北や東北地方は酒豪揃いだ。アルコール度数五〇度を超える「白酒《パイチュウ》」を間断なく飲み続けなければならない。こういった白酒は全国にあるのだが、華東となると、紹興酒で有名な黄酒《ホアンチュウ》やビールが主体だ。南方はビールが主体で、比較的淡白でもある。広東料理に代表されるように食べ物もあっさり系だ。私の経験では、北方もしくは内地（農村）に行くほど濃厚な宴席になる。

ＩＴ系ベンチャー企業経営者の中国人（四〇代）は語る。

「若い頃には働き蜂もいいが、五〇歳を過ぎたら、経営は誰かにまかせて引退したい。そして、気ままに余生を送りたい」

いわゆるハッピーリタイアである。このような中国人は、日本人が六〇代でも貪欲に働くことを非常に不思議がる。そこで私は答える。

「日本人は働くことが人生。働いていないと生活していけない。そして働いていないと不安なのだ」

そして「無気力、あるいは合理的な若年層が増えていることも確かだが」と補足する。それを聞いた中国人は「日本は気の毒な社会だ」と、一言でオシマイ。

日本人にとって、中国における日系企業同士のおつき合いまでならよかったが、本格的に中国市場攻略へのシフトが始まれば、そうはいかなくなる。特に日系の場合、現地を知らない本社との折衝が仕事のメインとなりがちで、何のために中国に来ているのか、本末転倒になってしまうケースが多々見受けられる。そんなことでは中国人からの共感も得られにくい。そういった間接的なところこそ、脇を固める中高年にサポートしていただくべきであろう。

老いたら働きたくないという中国人だから、ビジネスの第一線では若い人材が活躍している。ならば、日本も三〇代・四〇代の世代の方が、相手との意思の疎通も早い。中国の変化の中で求められるのは、柔軟性と臨機応変さ、スピードへの対応である。決して、年功を否定するわけではないが、年をとると、どうしても自らの経験に固執したがり、他の価値や変化を受け入れ難くなってしまうのは、どこの国も同じである。

中国での事業展開を考える日本企業は、若い人材を教育支援し、中国語を徹底的にマスターさせるべきだ。企業に余力があれば、一、二年、留学させるのも良策である。余力がない場合は、下地のできている日本人留学生を積極採用するなど、即戦力を鍛えること。人材の国際化は不可欠かつ喫緊の課題である。

経営ビジネスに言葉は関係ないというのは大間違いで、特に中国では「言葉ができる方が圧倒的に有利」である。通訳を介す必要がないため、誤解も避けられるし、何といっても意思の伝達が早いことは中国の発展スピードにマッチするのである。

中国でこそ「郷に入りては郷に従え」

優秀な中国人や通訳にめぐり合うという「幸運なる特例」もあるかも知れないが、中国語を話せなければ、そのうち限界が出てくる。そもそも通訳をつけて取引先を訪問しているようではコストもかかり、グローバル競争で生き残るのはむずかしい。

日系大手メーカーのある日本人駐在員は、毎朝一時間早く出社し、中国語をマスターしようと心がけていた。中国語が堪能か否かはともかく、そういった姿勢は中国人社員からも共感を得られやすく、距離が身近になる。

一方、ソフトウエアの世界的大手の中国法人トップ（四〇代前半の欧米人）が語っていたことがある。

「中国人は優秀で、英語で表面的なコミュニケーションは充分可能だ。しかし、本音までは語り合えない。言葉は文化や習慣を反映しているから、中国語で会話できないと、ニュアンスまでは感じとれないし、理解にも限界がある。中国でのマネージメントが合理的なものになる裏事情がここにある」

一般的に、中国では合理的な欧米的マネージメントが合うといわれている。若者には欧米企業のほうが魅力的でもある。シンプルで、わかりやすいからだ。日本型のプロセス重視よりも中国は結果主義であるから、途中経過については個人の裁量にある程度まかされる。個人主義の中国人にはそれが合っているのだ。

日本語が堪能だから優秀とは限らない中国人社員

また、日系企業で働く中国人の場合、まず日本語ができないと出世はむずかしい。ほとんどの日本人駐在員は中国語ができない。よって、日本語ができる中国人は有利なのである。

ただし、日本語堪能でもないのに堪能と自己申告する中国人がいるので、要注意である。通訳でさえ、わかったふりをして、自分に都合のいい通訳しかしないことが実は多いのだ。

日本語が堪能であれば重宝されるし、優秀と思われがちである。しかし、多くの社内通訳は自己保身が巧妙で、ある程度キャリアを積んだ者なら、日本人に好かれる対応法を熟知しているから、うっかり過大評価させられてしまうことになる。

「日本語が上手になっても、とにかく『ハイ』を連発し、ペコペコすることが大事。駐在員とは争わないように心得る。それからつき合いがいいこと。ゴルフ、カラオケ、観光、何でも一緒に行くように努めること」

長年、日系の商社で働く日本語のできる中国人マネージャーはそう語っていた。

八〇年代には日本語の教育熱が高かった中国であるが、九〇年代は反日教育が全国で展開され、日本に対する印象が悪くなったことに加え、バブル経済が崩壊した日本への魅力は薄れてしまった。誠に残念である。

日本語は確かにむずかしい。日本人同士のコミュニケーションですら、時には困難なのだから、中国人にはなおさらである。日本語学習には「合理的将来への魅力」が見出せない。都市部において日本語学校は数多いが、英語の学習熱に比べれば、だいぶ遜色がある。日本語力は現地の日系法人もしくは日本人相手の娯楽施設で働くには有利ではあるが、基本的には日本に興味を持たなければ、勉学熱も上がらないだろう。よって、こちらとしても、もっと日本の魅力を伝えることが必要になる。

優秀な中国人は欧米へ、精神論の日系企業には限界がある

優秀な中国人は欧米・欧米企業を志向する。中国人も欧米人には弱い（反米感情は少なからずあるのだが）。

「残念ながら日系企業に来るのは、二番手、三番手だ」と、ある日系総合商社の総経理が語っていたことがある。日系企業に来るのは、工場などの単純労働者は別として、何となく居心地がいいから来るというパターンが多いようである。給料はそこそこで比較的安定。スキルアップできる職場かどうかも大事だが、日系企業を選択する中国人は「安定」を第一に考える。また日本製品はいいという安心感もあるようだ。

しかし、日系企業も安定してはいないという現実に直面しつつある。

金融危機の際には多くの日系企業でリストラや合理化を余儀なくされ、生産縮小に追い込まれた。コストの高い日本人駐在員数も減少（帰任）に追い込まれ、コストの安い現地中国人マネージャー強化策を打ち出す企業が多かった。

しかしながら、日本語が流暢ではあっても、中国人には変わりはない。日本人責任者の目がなくなった途端、統制がきかなくなる。現地マネージャーが好き放題をやり始め、気に入らない中国人部下に圧力をかけて辞めさせるというケースも出てきている。

日系企業は従業員（中国人社員）に与える魅力を維持しなければならない。「成せば成る」などという高度成長期の日本のような精神論は絶対にご法度《はっと》である。「死ぬ気になれば何でもできる」「一人は皆のために。皆は一人のために」なんて、頭ごなしの説教はナンセンスだ。「さあ、頑張りましょう！」のあとには、何のために頑張るのか、目標、つまり成功報酬を明示しないといけない。

視覚的にビジョンを見せること。達成したときの報酬を明確にすること。唯物主観が根底にある中国では一般的にはまだまだ実利がすべて。金や物品が最高の武器なのである。

共産主義国家とはいえ、現在の国家経営、経済手法は周知のように「社会主義市場経済」であり、「成長することはいいこと」であり、「豊かになれる人から豊かになる」先富論が広がっている。香港や台湾の華南経済圏へ外資を取り込んだのが九〇年代初頭。次に、華南へ追いつけと上海への大号令がかかったのが九〇年代半ば。オリンピック前の北京、天津を中心とする華北経済圏の勃興が九〇年代後半から二〇〇〇年代。沿岸地域から内陸都市へ、西部大開発や東北大開発と続き、先豊政策の遂行。

そして、段階的に全人民の経済を底上げし、二一世紀中葉には一人当たりのGDPを先進国の中位レベルに、という壮大な〝実験〟を共産党主導、官主導で強引に進めている。だが、改革を迫られた国営企業はリストラを強いられ、労働者に犠牲を出すという相反する結果が生まれている。

新たな貧富の差が拡大するなか、政府も安定構築に必死であるが、変化に次ぐ変化の中国では、とにかく中国人ですら生き残りに必死だ。生存競争には元気であることが必要条件となる。

日本において「ゆりかごから墓場まで」の神話は崩壊し、終身雇用も過去のものとなったが、中国人が考えることは「今」をどのように生き、「今」をどのように将来へつなげるか、それがすべてである。「今」の生存競争に勝ち抜くこと。生き抜くこと。たくましく大胆に、である。

経営トップは日本人であれ中国人であれ、どの国の人間でも構わないと私は考えるが、とにかく「元気」なことが第一条件であり、その上で、言葉も文化も吸収しようとする柔軟性、多少のことではビクともしない図太さを併せ持ち、スピーディに判断することが要求される。

理工系では最高峰の清華大学で博士号を取得した中国人エリート経営者は「五〇、六〇まで働きたくないよ。今、猛烈に働くのは、働けるうちに働いて将来への蓄えを得るため」と、語っていた。この国では体力勝負であることを、中国人自身も心得ている。

私の知り合いの中国人経営者は三〇代、四〇代が多いのであるが、若いうちに起業し、四〇代までに財産を蓄え、その後は会社を売却するか後任に譲り、ハッピーリタイアをする。これが、彼らの根本的な考え方で、しかも休みを確実にとる。中国人エリートや事業経営者のほとんどは、このような欧米に近い発想の持ち主である。

中国ビジネス・成功のヒント

飲食店は差異化した〝味〟や店舗に〝仕掛け〟があるだけで繁盛する。人口が多いから一度でも足を運んでくれれば原価率の低い中国では十分儲かる。足を運んでくれるようなPRが重要。

日本の味を維持しようと思うと限界がでる。

中国在住日本人向けでは大きな発展は期待できない。

中国人消費者を取り込むことが最も大事。

〔第六章〕

中国人はカネでどうにでもなるのか

人間関係の構築はまず食事から始めよう

「食は中国にあり」、それが私の心からの〝実感〟である。日本食もフランス料理も結構だが、私が中華料理についてまず思うのは、そのレパートリーの広さである。代表的中華は日本流にアレンジされ、麻婆豆腐もラーメンも定着しているが、それは〝ほんの一部〟に過ぎない。一三億ないし一五億の民が暮らすこの国では、食材、調味料、調理法……すべてが多種多様なのである。食事は生活の中心であり、こだわりがあり、地方によって見た目も味つけも違うし、それが次世代へ継承されていく。

円卓を囲んで食事をする。杯を交わす。このような習慣は中国人の日常の基本であるから、絶対に軽視してはいけない。

食事をする暇があったら働け、のような姿勢は美徳ではない。中国人は食事となるとピタリと仕事をやめる。

「今日は友人が来るから、ご飯の支度をしなきゃ。羊のしゃぶしゃぶをするから、胡麻ダレはどこで買ったらいいかしら……」という具合で、早退してしまう社員だっているくらいだ。会社での私語は厳禁だけれども、その辺はさらっと、かわしていく。

皆が皆、こうではないが、基本意識は同じところにある。「医食同源」の中国では、食事が中心で二四時間が動いている。

食文化はネットワーク社会を理解する出発点といっても過言ではない。中国人は食事をしながら、同席する人間をじっくり見極めている。

中国語ができなくても構わないのだ。極力、中国人の中に入って、ワイワイガヤガヤやっていれば、雰囲気はつかみ取れるから、可能な限り参加した方がよい。ただし、割り勘なんて日本的な習慣は通用しない。中国人の場合、誘ったホストがご馳走する。そのかわり、その次はホストが交代する。順番に回っていくのだ。

割り勘の習慣がないのは経済的格差が大きいためもあるが、面倒ということも理由ではなかろうか。一度でも中国でレストランへ行かれた方はおわかりだと思うが、客が続々と店に入ってきて、例のごとく、「早く料理をもってこい」「皿をかたづけろ」と口うるさいのだから、レジの前で悠長に割り勘などやっていたら、短気な中国人のヒンシュクを買うだろう。

また、饗応には礼節をもって臨むべきである。

どんなに貧しい家でも、客が来たとなれば大盤振る舞いでもてなすのが中国式である。少なくともそう努力する。もてなされたら快く受けるべきであり、それが、中国人の面子を立てることにもなる。たまには泥酔させてもらうことも必要だと心しておくべきである。

飲みニケーションも残業のうち

中国では「ご飯食べた？」はごく普通の挨拶である。

会社関係で食事に行く場合は、上司、責任者が全額払うのが一般的だ。間違っても部下に払わせてはいけない。中国人は、夕食は家で家族と食べるのが基本であるから、誘うということはもちろん誘った上司が支払うのである。

日本流に考えれば、人間関係を円滑にするため、一杯やりながらの「飲みニケーション」である。勘定は一般的には「割り勘」、もしくは上司がちょっと多めに出すといった具合ではないか。食事をしながら、仕事の話をし、相談をし、時には人事まで決まってしまうほど、上司と部下との大切なコミュニケーションの機会である。職場で持ち出せない話題も、酒の勢いもあって、口にしてしまう。だが、そうした日本的感覚で中国人の部下を食事に誘うと、大いにアテがはずれる。

上海駐在時代、中国人の部下と初めて食事に行ったときのことだ。彼らには当然、「飲みニケーション」という感覚はない。食事に行くのも、飲みに誘われるのも、職務と解釈する。勘定は誘った上司が支払うのが通例だから私が持つわけだが、とんでもないことを言われた。

「今日はご馳走さまでした。てんぷら、美味しかったですね」

「そうだね。また来よう。明日も仕事、頑張ろうね」

「はい。ところで、タカサワさん。夜七時半から九時半まで残業つけてもいいですよね。明日、認可お願いします。それと、帰りのタクシー代も請求します」

目から鱗どころか、驚愕である。日本の常識は非常識なのである。だが、その言い分はわからなくもない。上司の私に誘われた以上、何か重要な仕事の話だと考える。そして、その時間を拘束されているのである。

その晩は日本との慣習の違いを説明して何とか理解してもらったが、一事が万事で、かつてはそんな時代もあったのである。その後、関係構築ができてからは、残業代の請求はされなくなったが、中国では異なる常識の壁にぶち当たること、その連続なのである。

中国は食の大国というが、それこそ生き抜く知恵の縮図でもあり、高くてうまいものもあれば、安くてうまいものもある。巷の食べ物には一〇〇円で充分満足できるものもあれば、小綺麗な中級店になると一万円出しても足りないし、高級店に四、五人で行って、高級老酒を飲めば一〇万円でも足りない。

いずれにしても必ずお酒がつきまとう。酒を酌み交わし、したたかに酔っ払うことで、裸のつき合いとなる。目に留まる「酒店」という看板。これは日本でいう酒屋のことではない。「ホテル」であり「レストラン」の意味でもある。

食事に酒がつきもので、前菜からデザートに至るコースがあるように、中国での人間関係も同じようにテーマと流れがある。

「カネと共に去りぬ」、日系企業は踏み台なのか

中国人の基本的な考え方に、ネットワーク（家族・友人）つまり人のつながりが絶対であることの事例は紹介したが、中国人にとって、会社は何かのための登竜門、踏み台でしかない。そう考えておいたほうが無難である。

キャリアアップといえば聞こえはいいが、個人のために会社をいかに活用するかだけを追求しているのであって、それ以上の愛社精神など持たない。その背景には、国家、社会への疑心暗鬼が根底にある。組織や社会への富の還元よりも、個人への還元が優先されて当然。それが今なお中国人の持つ「公私」の意識だ。

中国においても社会貢献という意識は、企業であれば社会的責任の観点から不可欠になりつつあるが、まだまだ外資や優良中国企業の話であり、一般の中国系企業や、中国人個人に定着するには時間がかかる。

中国人は、簡単には本音を言わないが、会社にしがみつこうと考えている人は皆無だと考えていい。特に、現代中国人は現実的であり、自分の城を持ちたいと考えているホワイトカラー

は実に多い。会社に残るのは無能な人間だからと考えている人もいる。

だから、自分の方針と会社側の方針が合わなければ、実にあっさりと会社を辞めてしまう。耐性が欠如しているというよりは、会社に魅力を感じなければ（つまり、将来的に有益な何かを得られるといった付加価値がなければ）、一〇〇円でも給料が高い企業へと走ってしまうのである。

日系企業に勤務しても、ほとんどが一年の契約社員であって、翌年も更新してもらえる保証はない。たとえば、現地の中国人に対する退職金支給や終身雇用を制度化している日系企業はいかほどあるだろうか。安い人件費を活用している企業側に問題が多いのも事実なのである。

中国人は、個人の意見や不満は直情的に口に出すが、相手方との対話、交渉は苦手なのか、解決策を見出す前に結論を出してしまいがちである。

「明日で辞めます」

そんな唐突な結論を突きつけられ、絶句することも多い。そうなる前に察知せねばならないが、なかなかむずかしい。

むろん、給与待遇ばかりでなく人間関係も大切である。職場の雰囲気といってもよい。成長経済の今の中国では、働き口は一つではない。単純労働なら職探しに苦労はない。学歴や経験のある者にも選択肢は多い。高望みをする高学歴者については就職難も伝えられるが、経済に元気のない日本の就職難とは本質が違う。中国の就職活動は売り手市場であり、日本のバブル時代に近いものを感じる。

去るものは追わず、と割り切るのは簡単だが、それでは発展は望めない。どのように企業の魅力を維持するか、そこが考えどころでもある。

九〇年代の悪しき思い出、タクシー運転手との不毛な攻防戦

正直、長い中国生活の間には嫌なことがたくさんあった。いいことの方が少ないくらいだ。文化ギャップという、色も温度も流れも違う大海に入るわけであるから、困難や葛藤が多いのは当然のこと。さらに腹立たしいのは、日本人にとっての嫌なことは、中国人には嫌なことではないという事実だ。なにしろ、彼らは生来、その大海を自在に泳いでいるのだから。

嫌なことといえば、まずは空港に着いてからのタクシーである。九〇年代は、どこの大都市でも、ぼったくりタクシーが珍しくなかった。運転手は文革を経て、無学な者がほとんどで、能力といえば車の運転と土地勘、道路の建設計画を知っていること。英語も日本語もまったくわからない。文字を書けない運転手も時折いた。

ではあるが、実は人懐っこい庶民がほとんどである。現在では社会整備が進み、こうしたドライバーに遭遇することは少なくなった。しかし、かつてはメーターが壊れていたり、違法な

細工がしてあったり、あるいは見知らぬ道を二周も三周もされていたものだ。不当な料金に怒りがこみ上げ、口論となる。口論できればまだいいが、中国語がまだ流暢ではなかった当初は「高い、高い。安くしろ」と、中国語のガイドブックを片手にまくし立てるしかなかった。警察を呼ぶにも、当時は携帯とてありはしない。

一方の運転手は一歩も引かず、ただただ「払え！」と怒声で、私にも周囲にも訴える。善良な外国人である私が、無賃乗車でもしたかのようにアピールする。結局、最後は時間を買うしかなくなる。妥協点を見つけるのだ。走行距離を考え、日本円に換算してみて「まあ、いいか」となる。

すると、中国人の運転手は、さっきまでの鬼の形相《ぎようそう》はどこへやら、ニコニコして「謝々（シエシエ）」と、走り去る。こういった経験を繰り返すうちに、忍耐と抵抗力が生まれてくる。

一方、主張することも覚える。だまされないように道路地図、移動距離、運賃相場を頭の中に叩き込んでおくのである。日本語で怒鳴る。金は払わないと言う。運転席を後部座席から蹴飛ばす。道すがら、自分は警察に友人がいると、さりげなく会話にはさんでおく。結局、身を守るためには人脈形成が重要という結論に行き着くのであるが。

言葉もできず、土地にも不慣れであれば、外国人はいとも簡単にだまされる。だます側も、何ら悪びれず、自分が正しいと主張してくる。九〇年代はこんなことの繰り返しだったような気がする。中国を知れば知るほど、触れれば触れるほど、嫌なことに遭遇する。

　雨が降った場合やラッシュアワーの時間帯には、空港での順番待ちは一、二時間はたっぷりかかる。イライラする。中国ではイライラの繰り返しであり、いかにそれを解消するかは、中国で生きる重要課題でもある。ここに新しいビジネスが生まれる。白タクの登場だ。客引きらしき人間がうろついている。二、三割増しとなるが、仕方がない。時間のロスを金でセーブできるのである。

　しかし、それが意外にも素晴らしい出会いとなることもある。ここが人生の妙である。いったん仲よくなると、連絡先を教えられ、空港まで迎えに来てもらうが、飛行機が遅れて一、二時間待たせても「お疲れさん」と声をかけてくれ、エクストラ料金を取らない。

「ＯＫ、朋友朋友（ポンヨウポンヨウ、友達友達）」となる。日本のマイルドセブンと中国の中南海の煙草を交換する。

　運転手にしてみれば、〝ポンヨウ〟だから待つのである。飛行機の遅れだから仕方がない。外国人の友人ができたという優越感もある。家にも近所にもこの話題を提供して盛り上がることができるし、私を通して世界とつながっているという錯覚もあるだろう。彼は門戸開放の波のうねりを感じ取っているのである。何となく可愛げが出てくる。

　人は変わるものなのである。焦らず慌てず、じっくり待とうではないか。

文化や価値観のギャップに直面すれば、まず人間は抵抗し、拒絶してしまう。わからないこと、違うことを忌み嫌うのである。当たり前のことだが、互いを正視し、違いを認めることはなかなか難儀で、忍耐と時間を必要とする。そこまでのゆとりがなければ、とにかくわかりやすい意思伝達を試みるしかない。ジェスチャーや喜怒哀楽の表情は伝わりやすい。

「子づくりが犯罪」の国の少子化問題

中国では、家事は分担するのが基本である。料理はどちらかというと男中心である。中華鍋を振るい、手早く強い火力で炒めることが主流であるから、男性の力と技がモノをいう。

中国は男女共働きが普通で、大体、定時で家に帰る。終業後に同僚と飲みに行くこともほとんどなく、帰宅が午前様ということなどまずない。外食はイベントであって、日常ではないからだ。歓送迎会とか接待、祝賀会など、何かのイベントがない限り、帰宅時間が読める。だから、家事も分担しやすい。

裕福な家庭では、時給二〇〇円くらいで、週に数回、お手伝いさんを雇っている。これなら子供の世話と家事は軽減される。一般的には、夫婦の両親が子供の面倒を見るケースが多い。バックアップ体制も充実しているおかげで、仕事に専念できるわけである。

ところで、中国の少子化問題も深刻であるが、日本とは意味合いがだいぶ違う。中国には一人っ子政策という国の制度があり、多産は違法なのである。

二人目からは罰金となるため、一部の特権階級や富裕層でないと、子供を複数持つことはむずかしい。子づくりを〝犯罪〟とする制度がある以上、少子化に向かうのは当然だ。

一人っ子政策は大都市では比較的守られているようだ。トップダウンの政策に加え、あまりにも多い人口に、子供は一人で充分だと考える中国人が多い。

「これ以上、この世の中に人を増やしてどうするの？」と、部下の中国人女性も言っていた。また、経済的、将来的な不安もある。制度と現状が少子化を加速させているわけだが、これは都市部に限られる傾向である。

農村に行けば、働き手の確保という現実問題で、今なお「子だくさんは幸せ」という考えが根強い。いわゆる黒子（ヘイズ）という戸籍登録のない子供たちがたくさんいる現実は悲劇である。彼らは初等教育を受けることもむずかしく、中国の社会問題の火種となっている。将来の不安は、日本も中国も同様であるし、結婚して家庭を持ちたい希望も共通しているが、社会制度と社会風潮は大きく違うのである。

一人っ子世代の熾烈な婚活バトル

現在、中国人のいわゆる「婚活」は非常に盛んである。特に一人っ子世代（八〇年代以降生まれ）は両親を巻き込んでの壮絶なバトルが展開されている。

北京、上海、広州といった大都会では、マイカーとマイホーム所有が第一条件。中国人女性は現実を重視し、生活の安定を結婚の前提と考える。これは経済発展した証ともいえる。

大体、一般サラリーマンは家が買えるほど豊かなわけではない。そこで、両親、親族の協力でマイホームを購入する。特に都会での結婚は、一族あげての大イベントと化している。結婚斡旋ビジネス、写真館、新婚旅行など、関連ビジネスも景気がよい。「手塩にかけて育てた一人っ子の生涯一度のイベント」なのである。過熱するのも無理はない。

中国では女性が働くのは当たり前で、特に都会ではキャリア志向の女性も多く、彼女らは妥協などしない。

日本と中国の環境は大きく違う。都会の女性が働きながら子供を育てられる理由は「両親が面倒を見てくれるから」なのである。親と同居するケースも多いので、住居は一〇〇平米を超えるようなマンションが必要だ。

たとえ両親に面倒を見てもらわなくても、お手伝いさんを雇えるから、家事の負担が日本に比べて圧倒的に少ない。特に、上海では男性が仕事の合間に家事、料理の買い物まで行うことも珍しくない「上海女権社会」である。以前の部下で、上海人の男性が「今日は料理を作らなくてはいけないので、残業できずに申し訳ありません」と帰ってしまうケースもあった。こういった習慣への理解も必要である。

そもそも一人っ子で過保護に育てられているから、小さい頃から苦労がない。いわば耐性に欠ける一人っ子同士の結婚がうまくいかず、その結果、別居、離婚となる現実もある。離婚したある中国人女性の友人は「条件はよかったが、お互いの不一致はクリアできない」と語っていた。

それでも、経済的条件だけで満足する女性も中国には多い。特に農村から出てきた女性は「早く安定が欲しい」と口を揃える。都会でクタクタになるまで働くよりは、「いっそのこと、愛人だっていい」と言う。

ある農村出身の中国人女性は語る。

「結婚と恋愛とは別。いくら今の彼氏と順調でも、いつ他の女性を好きになるか、わからない。それよりも安定した環境、安心できる暮らしの方がいい。男性の外見には一切こだわらない。私だけを見ていてくれれば」

さらに補足する。「浮気していてもいいとは言わないが、私にバレなければ、それでいい」と。

彼女は二三歳であるが、郷里に帰れば、かつての同級生には三歳の子供がいるという。

湖南省の農村の友人は語ってくれた。「田舎では二〇歳にもなれば親がどんどん見合いをすすめてくる」

農村では子供をつくることが大事だし、女性の場合は年をとったら嫁の貰い手がなくなる、といった保守的価値観も根強い。農村からはるばる都会へ出てきた女性たちも何らかの手土産は欲しいところである。それが富を象徴するような結婚であれば、言うことなし、なのだ。

中国人の結婚観の現実性と女性の強さは今後も膨張していくだろう。これは一人っ子政策の弊害でもある。労働人口が減れば、女性の社会進出が広がり、男性に依存しない者も出る。

今後、結婚できない男性の数が深刻化するという。たった一人の子供なら男子を望む夫婦が増えたことも理由だろう。農村でも労働力として男子が求められる（いかにして産み分け、育て分けるのかという問題はあるが）。

その結果、数千万人が結婚できない時代が来るという予測もある。かつて、日本の農村の男性が中国人や韓国人から嫁探しをしていた時代もあったが、今後は中国人男性が嫁探しに「海外進出」していくことも自然な流れではないだろうか。日本にも大量に中国人独身男性が押し寄せてくるかも知れないのである。

北京人、上海人、広州人？「あなたは何人？」

中国人とはいっても、あなたはどこ出身の中国人を〝見て〟いるのだろうか。

中国は広い。それぞれの地域で風土、習慣、嗜好、思考、性格は違う。日本でも、東京と大阪では気性や言葉使いも違うが、その比ではなく、中国人同士でも、共通語である北京語で話さない限り、意思の疎通ができない。

あなたが中国人に出会ったら、何人《なにじん》であるのか、「どこの人？」と尋ねてみよう。どこの出身であれ、その人がつまり、あなたの中国への窓口となる。あなたはその人を通して、中国人全体をイメージし、中国を定義してしまう。しかし、それは中国を知る上で、窓口の一つに過ぎないことを忘れてはならない。

私は「何人」ともつき合ってきたが、出身地が異なる中国人は決まって仲が悪い。北京人と上海人は犬猿の仲であり、相容《あいい》れるのはむずかしい。香港人は同じ華南でともに広東語を使う広州人に対して、あんなのと一緒にするなと言い張る。なぜか。

北京には政府があり、首都としての歴史も長い。とにかく誇り高い。

「私は、清皇帝に仕えた×××の末裔」など、掃いて捨てるほどいる。学都でもあり、清華大学や北京大学を始め、理工大学、人民大学等々、頭脳が蝟集《いしゅう》している。「官」と「学」の土地柄であり、商才に長けているとは言いがたいが、古きよき慣習や伝統を持ち、保守的風土でもある。何よりも、管理者、覇権者であり、国の中枢という自負がある。

上海人は経済中心である。「上海人に非ずんば人に非ず」というくらいプライドが高い。中国でもっとも優秀であるとの自負があり、北京への対抗意識は根強い。「中国経済は上海が握っている。上海がなければ中国は成り立たない」とうそぶく上海人もいた。

二〇一一年六月には上海‐北京間を四時間台で結ぶ高速鉄道（最高時速は四〇〇キロ近い）が開通する。物理的にも「中枢」に近づくわけである。教育熱も高く、二〇〇九年のＰＩＳＡ（学習到達度調査）では上海の中学生が世界一の学力を示し、世界を驚愕させた。

上海人はそつなく仕事をこなす点で日本人受けもよく、何より器用である。海外のものをいち早く取り込む柔軟性もある。こういった特性が大消費地たり得るベースとなっている。垢抜けして、化粧の上手な上海人女性も多くなった。

その一方で、地方出身者を差別し、バカにする上海人も多い。「上海人は中国人から嫌われる」ゆえんでもある。そして、ありがちなことだが、上海人は総じて外国人や舶来品に弱いのである。

広州人は「食は広東にあり」とばかりに独自のカルチャーを構築している。日本人にもお馴染みの広東料理は海鮮も豊富で、味もあっさりしていて人気がある。言語は広東語がメインであり、これは一般の中国人（共通語を話す）でもわからない。同じ広東語を話す香港人との（商売上の）結びつきは強く、華南経済の中核を成している。

広州人の世界はとにかく「金」である。「一円」でも多く儲ける巧妙さは世界一だ。「世界の工場」として急速に発展した広東省のベースには、こういった広州人の商売上手がある。

商習慣としての「中国式賄賂」

日本人には、お歳暮、お中元という伝統的慣習がある。バブル崩壊以降、節約志向になってはいるが、お世話になったあの方に感謝をこめて贈る。お返しも忘れてはならない。

中国は何といっても旧正月である。加えて、仲秋の名月となれば、月餅を贈る。西側文化であるクリスマスも日本同様に普及し、プレゼント交換もある。慣習を越えて、商業主義のきらいがある点も日本同様だ。

日頃の感謝を贈答という形であらわすのは万国共通だが、中国はそのアピールが時として過剰である。

中国人は日本人以上に金を使う。贈答指数、つまり家計に占める贈答の割合が高い。日本人であれば、自分の懐具合や相場を勘案する。それは経済格差がある程度の範囲内だから可能なのである。日本も格差社会だというが、その格差は中国の比ではない。

中国の場合、一〇〇円の感謝も一〇〇万円の感謝も両極端に存在していて、格差のピラミッド関係が成り立っている。どんな身分であれ収入であれ、友好、交流には金を使うのが当たり前で、そのために働いているといっても過言ではないくらいである。

都市の一部ではその危険性や治安維持のために爆竹が禁止されているが、旧正月のけたたましい爆竹の音は中国名物である。そして、食事にプレゼントに、面子《めんつ》をかけて金を使う。ある種、競争原理も働いているようだが、こうして新年の健康と商売繁盛を祝うのである。

中国は広い。人口は多い。

中国で生きていくためには、いろんな方の「お世話」にならねばならない。四方八方、中国人だらけである。そして、いつ誰が敵になるか、どこで攻撃されるか、わからない。「お世話になる」ことは、身を守るための情報収集をするということ。さらに、一三億人以上がうごめく大地で、生きている証を残すためでもある。

関係性で重層的につながっているこその供与

中国は政府高官から末端まで、すべて「関係性」でつながっている。その関係性は縦横無尽に強弱を繰り返しながら広がっている。どこかで誰かとつながっている。

お祝いでプレゼントをする。陳情して謝礼をする。日本と変わらない。贈り物が社会の潤滑油となる。つまり人間関係の補完の道具なのであり、中国人の感覚では悪しき付け届けという感覚はない。そうした贈答が不公平を助長し、自らに危害が及ぶ場合のみ、不満を露《あら》わにする。

最近ではネット上で告発された地方幹部が汚職で摘発されている。権力闘争というトップダウンだけではなく、文明の利器、ネットの声は無視できなくなってきたのが今の中国でもある。

アクセス制限はあるとはいえ、それくらいますますオープンになってきているというのも、中国の傾向である。

官僚の賄賂は時として重罰ではあるが、権力闘争に負けた者が汚職を暴露されるのであり、人民の不満解消のプレゼンテーションとして、見せしめの意味があるように感じるのは私だけではないだろう。

贈答は関係性構築の手段であるから、その金額はどうであれ、うしろめたいはずがない。欧米なら、レストランでもホテルでもサービスの対価としてチップを置く。サービスが悪ければ支払う必要はない。逆に言えば、欧米のサービス業はチップをもらうために笑顔で接客する。それが現実である。日本でも中国でも、表向きにはチップの習慣はないが、人と人の交わりに金（贈り物）は実に有効である。

人間関係さえできてしまえば「金が目当てでつき合うのではない」ということになる。金は生きるための伝統的な〝薬〟である。金が絶対なのではなく、礼をする気持ち、贈る行為が大事なのである。

であるから、高額な接待をして金品を渡せば何でもうまくいくわけではない。あくまでも人間関係が大事なのであり、物理的な贈答はそれを演出する道具に過ぎない。所詮「袖の下」は潤滑油でしかなく、実際に機能するか否かは別の話である。

もちろん、中国人の誰もがそうした〝交際費〟が潤沢なわけではなく、都会では物価上昇に昇給が追いつかない現実もあって、本職以外のバイト、内職に精を出す人も多いのであるが。

日本とはまるで異なる「中国での接待」

日本で「接待」といえば、どちらかというとマイナスイメージを伴うものだ。だが、中国でいう接待は、その漢字をとらえれば「受付」の意味であり、その行為で考えれば「請客（チンカア）」といって、日本の永田町的あるいは料亭的なものではなく、シンプルに「楽しくご飯を食べる」という一般大衆的な意味合いが強い。

中国人にとって、食事は家ですませるものである。食生活の多様化と経済の発展に伴い、外食文化も普及しつつあるが、まだまだ「わざわざ行く場所」であり「客人をもてなす」場所なのである。であるから、楽しい時間のためには徹底的に金を使う。使うことがうれしいのである。客人を徹底的に満足させること。それは自己主張の裏返しでもある。

中国人は「朋友（ポンヨウ）」という言葉をよく使う。真の朋友になるには、無礼講は必須である。

日本人は会社を含め、組織を中心に動き、個人は弱い。組織対組織のおつき合いであるが、中国人は個人対個人。「公私ではなく私公」なのである。あくまでも「私」が中心で「公」（企業、国家、政府）は他者、部外者である。

日系企業はこの慣習になかなか馴染めない。中国人にとって、企業というものはそれぞれの関係性を構築する場所を提供されたに過ぎない。企業の発展はもちろん中国人も歓迎するが、それは個人の利益を越えるものであってはならない。ましてや、かつての日本のような年功序列、終身雇用といった職場環境などとは無縁の中国である。明日には会社がなくなるかも知れず、雇用契約が延長される保証もない現実の中で、個人が優先されるのは当然なのである。企業や会社はステップアップの道具（場所）でしかない。

あくまで「個人が上」「個人が神様」なのである。給料にしても待遇にしても満足しなければ、すぐにジョブホッピングをするのである。就職して二年三年といえば、日本ではまだ新人であるが、中国ではその会社に二、三年もいたら古株である。流動が激しいから、マネージメントもマニュアル的にシンプルにしなくてはならない。でなければ、浸透しない。

中国官僚は腐敗しているか

「中国官僚はとんでもなく腐敗している。中国政府は堕落している」と、諸外国のメディアは取り上げる。しかし、私が知る限りでは「すべて腐敗」というのは大きな誤解である。私の友人にも多くの官僚がいるが、彼らは真面目に仕事に励んでいる。国家と人民のために汗水流している。

中国では、官僚の給料は安い反面、福利厚生が整い、そして何より権力を握っている。そうした権力を誇示、維持するためには金が必要であろうが、それが官僚のすべてではない。

賄賂は人と人とをつなぐ潤滑油

商社には「冬の時代」といわれた時期があった。それでも復活の道を歩んでいる。賄賂を肯定するわけではないが、この潤滑油なくして中国で事業を進めるのは非現実的である。誰も相手にしてくれないだろう。中国人同士でも同じである。

結局、人と人が交わり、関係が成り立って、物事は進む。広い大地をスピーディに走るには仲介ビジネスが必要だ。中国でいう賄賂は、すべて仲介手数料みたいなものである。

金は薬であるが、金がないとその薬ももらえないし、入院もできないのが中国の実態だ。入院するにもホテルに泊まるにも、多額の保証金（デポジット）を置かなければならない。一般の農民工には不可能な金額である。

物事を進めるには人と交わることが必要で、交わるには金が必要。欧米では、サービスの対価としてチップを払う。中国の場合も、賄賂というよりはむしろチップといった感覚に近い。

要は、関係性が成り立っているかどうかがポイントで、嫌いな相手からは受け取らないのが原則である。ただし、受け取れば関係の第一歩がなされたものと考えがちだが、それで交渉が成立したということにはならないので要注意。物品の授受は、あくまでも関係性構築の〝きっかけ〟でしかない。

それを心得ない日系企業は「金を払ったのに見返りがない」とか「商談が成立しない」と愚痴をこぼすことになる。中国では商目的の賄賂はご法度という建前はあるものの、中国人社会では「公私」ではなく「私公」が優先されている以上、なかなか消えることはないだろう。日本人の中にある「中国人は金でどうにでもなる」という先入観は正しくないが、金で解決する（示談）という事例は枚挙にいとまがないのも現実である。

実はお金を信用していない中国人

関係性構築の表現手段、謝礼の道具として、金は有効だが、それが中国人社会のすべてではない。

その証拠に、中国人は金を大切に扱わない。金そのものは信用していない。ある大富豪の友人は不動産や株という資産に変えていた。金の延べ棒や宝石を持つというパターンもある。あとは海外への投資である。

ほとんどの一般中国人は財布を使わず、札を裸でポケットに押し込む。丁寧に扱わないから、ピン札もたちまち汚れ、ボロボロになっていく。

銀行に預けるよりも、不動産や株や物品の購入などに消えていく。政治なんかどうなるかわからない。いつ流転の人生に落ちるかわからない。素早く逃げるにはどうしたらいいか。何を持ち出せばいいか。健康も友人も大切な財産ではあるが、いつでもどこでも頼りになるのは金。その金も紙クズになる危険性があるから、貴金属や宝石という形で保管しておく。

一般の中国人はまだまだ人民元を信用していない。二〇〇〇年代までは、海外で通用する外貨が好まれた。最近は人民元の国際競争力も高まっており、全面的にではないが、信頼を持ち始めた富裕層も多い。

日本の経済社会は少数の大企業、多くの中小・零細企業で成り立っており、どの企業も必死に節税をしている。中国企業もそのほとんどは個人経営の中小企業であり、税金をなるべく払いたくないと考えているのは日本と同様なのだが、払わないことを美徳と心得ているフシがある。その証拠に、政府が「クジつき領収書」を発行したら、納税率が上がったという。それが税金に対する感覚なのである。

まずは自分第一。これが発展途上にある中国の現実であり、体質改善には時間がかかる……というより、脈々と受け継がれたサバイバル用のＤＮＡは今後も変わらないものと考えるべきである。

中国はあり余る広大な土地。人と人がひっきりなしに交錯する。その土地その土地に商いが生まれる。交わりながら関係性を構築する。関係性構築のための〝薬〟は必要だ。

公私の区別がむずかしい。むしろ「私」が強い。関係性はつぶせない。つぶれても中国は広い。またすぐどこかの土地で作り直せる。すべてが関係性でつながっている。

中国ビジネス・成功のヒント

中国人が口にする〝不便〟を追求すれば、
中国人の求める〝便利〟がおのずと見えてくる。
ここにビジネスチャンスがある。
中国人の不平・不満に耳を傾けることが重要だ。

〔第七章〕日本人が中国で働くということ

二〇〇五年、北京で遭遇した「反日デモ」

二〇〇五年四月、北京は早くも初夏の空気が大地を覆い、木洩れ日がすがすがしい。「どけ！」の怒声とともに私は道端へ押しやられた。目の前には公安が立ちふさがっている。いつものように、どこかのＶＩＰが北京を訪れたための交通規制かと思ったのだが、様子が違う。北京の大使館通りは行進する人々でごった返していて、公安がそれを先導している。

見物していた野次馬が面白そうに話しかけてきた。

「デモだよデモ、反日の。お前、何人？」

私はあわてて中国語をまくしたてる。

「台湾から来てるんだ。観光に」

と、咄嗟にかわした。

長年の中国滞在で、身の危険を感じたら日本人とは言わないよう、条件反射が備わっていた。そのまま群集にまぎれ、何が起こるか、見物した。

「靖国神社参拝反対！」

「日本鬼子（リーベングイズ）！」

聞き慣れたシュプレヒコールの合唱である。一部は卵を投げたり、暴徒化の様相を呈していたが、よくよく観察すると、ほとんどは公安の先導の範囲内で〝おりこうさん〟に行進している。少なくとも私にはそう見えた。公安の認可を受け、監視下で行われるデモは不満のガス抜きなのだろうか。あとで見た日本のテレビ報道は、事件をクローズアップし過ぎでは？　と思うくらいであった。

　ただ、デモに便乗した過激派が何をするかわからず、日の丸を焼いている光景も確かにあったし、恐怖や戦慄は覚える。このような暴徒と化した過激派にからまれれば、命を落とすことも覚悟しなくてはならない。

　中華人民共和国の建国は、毛沢東《マオツォートン》主導の下に日本の〝侵略〟を打破し、中国人を解放した結果であり、この国家とこの政権が存続する以上、残念ながら半永久的に日本の悪いイメージは消えないし、語り継がれるだろう。残虐性を強調した戦時中の映像が、反日の教材となっている。こんな雰囲気の中で「侵略ではなかった」と主張するのは命取りである。

　特に、江沢民《チアンツォーミン》国家主席時代の九〇年代はひどかった。すでに改革開放がスタートして、中国経済は急成長の最中であったが、そうした反日映像は一気に広がって、中国人の脳裏に焼きついているはずである。加えて、生き証人からの伝聞に尾ひれがつき、素晴らしい近代化日本どころか、アジアの大罪人と憎んでいる人たちもいる。

　その背後には、中国国内の不満の捌け口として、目を日本へ向けさせようという中国政府の意図も見え隠れする。また、他国を憎悪、軽蔑することで自国の優位を実感したいという心理もあるかも知れない。

中国人の一般的日本人へのイメージは、侵略、経済大国、アニメであり、よく働き、よく飲むサラリーマン。そして、過労死が頻発する悲惨な日本でもある。これらは映像の影響が大きく、中国人に普遍的に浸透している。このありさまでは、現代の日本に魅力を感じる中国人は少ない。非常に残念だ。

今の日本が誇りを持って世界に発信できる魅力あるものは、一体、何だろうか。

在中二〇年、中国語を話している自分を見つめる

私は日本人なのだろうか？　中国人なのだろうか？

アイデンティティがわからなくなることが過去に何度かあった。

約二〇年も中国と関わっていると、中国人を見れば、どこの出身か、七割以上は判別できるようになる。

上海エリアか、成都《チョンドゥ》や重慶《チョンチン》などの西部か、北京、天津《ティエンジン》などの華北エリアか、大連《ダーリエン》、瀋陽《シェンヤン》などの東北エリアか、広州、深圳などの華南エリアか、香港人か、台湾人か、大体の見当はつく。同じ黄色人種でも、日本人、韓国人、中国人、の見分けができる。その上で、相手に合わせた

言語を使う。

言葉は文化である。文化の凝縮であり、表現の一つである。その風土に育まれた思考や生活や感情や苦楽の情景を一瞬にして表現するのである。

私は中国で育ったわけでもなく、ハーフでもない。生粋《きっすい》の日本人である。中国語は一八歳のときに覚え始めたから、日本語がベースで中国語へとトランスレーションするわけである。決して、その語彙《ごい》にしろ、思考にしろ、日本人としてのアイデンティティを超越することはないのだが、ある一定の修練を越えてくるとトランスレーションという過程がなくても、オートマティカルに中国語が出てくるようになる。そんなとき、少しは中国の文化に入り込んだかと感慨にふけることができるのだが、自分のアイデンティティはどちらなのだろうと迷うのだ。

中国人と歓談している夢を見るとき、夢の中の自分はもちろん中国語を使っている。中国語を話していると、だんだん自分が中国人っぽくなってくる。

中国語で部下たちと二時間みっちり会議をする。頭の中は、態度は、空気の読み方は、中国人と化す。そんなとき、日本のオフィスから電話が入る。もちろん日本語で応対する。

「もしもし。はっ？　何言ってんの、あんた。わかったわかった。じゃ、あとで」

妙につっけんどんになり、無愛想になる。これが中国語なら、決して無愛想でも失礼でもないのであるが。自分が中国の世界に入っているとき、突然、日本語で表現しようとすると、切り替えスイッチがおかしくなってしまうことが多々ある。

　言葉は恐ろしい。そして、言葉は文化だ。言葉は文化から文化への橋渡しをしてくれるのである。その橋に差しかかったとき、自分のアイデンティティが行く先を迷うのである。

　文化の一部、生活の一部であるから、その言葉でないと表現できないことがたくさんある。翻訳しても駄目なのだ。一〇〇パーセントの意味は伝わらない。生活を通して感じ取る言語の意味。使い方。これを知ることが大切だ。その言葉を使っていると、話し方、身振り手振り、思考回路まで中国人化していくのである。

　ある白人が、黒人が、黄色人種が、日本語を話している。どうしても頭をペコペコ、背を曲げて、へりくだってしまう。滑稽にも見えるが、そのような態度になってしまう。

　頭を下げるのは、日本や韓国だけなのである。中国で、中国人と、中国語で会話をする場合、頭を下げるより握手であるし、他人に気配りするよりも自由闊達な態度の方が好まれる。

　それでも、中国人にはなれない。国籍を取得すれば、法的には中国人にはなれるかも知れないが、根っこにあるアイデンティティは変えようがない。日本人でいるべきであるし、ありたい。最後は、ここに帰る。帰れるところがある。誇れる。誇れるようにしたい。そういう気持ちが強ければ強いほど、中国人も認めてあげたい。違いをわかってやりたい。日本もわかって欲しい。ここに、日本人としてのアイデンティティがある。

中国で生きる日本人が急増している

中国で生活する。つまり、働く日本人が増えている。目を輝かせている者もいるし、逆に、消耗した者、病に倒れた者もいる。よい出来事も、悪い出来事もある。そのすべてを中国大陸は包み込む。

中国で生活する日本人は数十万人に達しているだろうが、彼らの異国での奮闘は立派だと思う。そして、そこで終わらず、自らのアイデンティティを構築して欲しいし、日中間の橋渡しにつなげてほしい。

これは中国に限らず、欧米でもインドでもロシアでも同様である。少子高齢化問題を抱える狭い日本では、キャパシティが限られている。グローバルな人材を育成強化していかなければ、本当に国際社会から相手にされなくなる。湾岸戦争で経験したように、金を出すだけでは国際貢献とはいえない。評価されないし、尊敬もされない。人材を通じて、世界に日本のよさを発信し、底力をプレゼンテーションすることが大事なのである。

持久戦となると、日本に勝ち目はない。資源でも体力でも、大国、大陸にはかなわない。小手先のテクニックを磨くことも大切だが、それだけでは駄目なのである。

店を開く、事業を起こす、映画を作る。それがたとえ素晴らしいものであったとしても、顧客や観客が足を運んでくれなければ、商業的に成立しない。わかる人だけにわかる店もいいが、採算がとれなければ、廃業となる。テクニックを磨いても、待っているだけでは、いずれ資源は枯渇するし、体力も衰えるのである。もっと本質的に素晴らしい日本を伝えられないものか。観客を動員できないものだろうか。

どうして日本はこんなにPRが下手なのか

第二次世界大戦後、日本は経済成長の道をひた走り、西側世界の一員として、とりあえず成功した。気がついたら労使紛争に明け暮れ、経済成長の歪《ひず》みでもある公害を起こし、環境を破壊してきた。バブル経済でマネーゲームに浮かれ、海外に金をばら撒いて、ヒンシュクを買った。その反省で、今では安心安全、環境保全。

中国が日本と同じ轍《てつ》を踏まないためにも、日本の経験、ケーススタディは役立つはずである。日本が誇れる美点もそこにある。もっとPRしたらいい。

美しい四季折々の自然に育まれた日本の美点。そこから生み出された教訓や経験こそ、日本の素晴らしさの原点である。この素晴らしさをもっと世界で生かさない手はない。これこそ日本の底力の見せ所ではないか。

異国の地で働くということの意味

世界一の言語は、実は英語ではなく中国語である。その波に乗り遅れまいとする日本人が、中国語をマスターしようと大陸へ渡ってくる。その勢いは九〇年代後半から加速し、今も止まらない。

「初めての海外で、よくわかんないけど、上海に行ってきます」

と、ヴィトンのバッグを持ち、気軽に旅行をする。

次は、ベトナムだ、インドだ、ロシアだ、ブラジルだ、といっても（その市場の潜在性と魅力は感じるが）、中国に渡る日本人の総数を越えることはむずかしいだろう。なにしろ、中国は少々無理すれば日帰りも可能な〝ご近所さん〟なのである。

異国で働くことは、中国であれ欧米であれ東南アジアであれ、立派なことである。そういう戦士が、異文化に直面し、必然的に壁に何度もぶつかりながら試行錯誤を重ねる。そのプロセスの中で、さまざまな混乱が起こり、自分が持っていたカルチャー、アイデンティティは何なのか、異国のカルチャー、アイデンティティは何なのかがわからなくなる。そのときこそ、カルチャーの窓口を開いた、異文化への入口に立ったことになる。その混沌から抜け出すと、ようやく相手（異文化）の景色を直接実感することができ、相手を認知でき、冷静に正視することができるようになる。

すべての人間関係において、葛藤、忍耐、認知という、このプロセスが繰り返される。その道のりは、忍耐強くなければ、くぐり抜けられない。そこまでたどり着ける人は、さらに立派である。

異文化の認知に至れば、ようやく、自分のアイデンティティと相手のアイデンティティを相対的に認めることができるようになり。それぞれの長所短所を発見できる。

鈍感な人は何も感じないし、与えられた環境で、ただ空気を吸っているだけの人なら、苦労はない。しかし、異文化を受け入れ、また受け入れられることは決して容易ではない。私自身の経験である。

強固な自らの信念、思い、そして実現に向かった地道な努力と忍耐。これがないと、足元が定まらない。信念がなければ、仕事も生活も惰性化し、中途半端な中国滞在となってしまう。

最近の中国で見かける日本人は……、

駐在員など、企業からの「出向タイプ」

中国が単に好きという「楽観タイプ」

一旗揚げてやるといった「夢追いタイプ」

日本社会に嫌気が差した「現実逃避タイプ」
中国ブームに便乗した「流行追いタイプ」
どの国でもいいや、という「何しに来ているのかわからないタイプ」

仕事、留学、旅行……。目的も行動もさまざまである。どうであれ、異国を見ようとする意欲は立派である。何かを感じ、日本人のアイデンティティの幅を広げることにつながるだろうし、日本と中国、双方の伝道士ともなり得るだろう。

中国人もまた多くが日本で働いている。いい加減な人もいるけれど、大多数は真面目である。そうでないとこの国から排除される。誰もがさまざまな壁で苦しんだことだろう。

日本人がビザ無しで中国に渡るのとは大違いで、まず入国の時点で大きな苦労をしている。パスポートを取得するのも、ビザを取得するのも大変だ。日本語を覚え、日本で生活するのは、もっと大変だ。

それをクリアして、日本の扉を開き、学習し、働き、生きる。日本の長所短所が見えてきて、認知し始める。日本はモノはあふれているけれど、なんてまあ淋しい国なんだ。人をかき分け、押しのけなければ、生きていけないんだ……。

安全神話が崩壊した日本。しかし、中国を含めたアジア諸国に比べれば、まだまだ安全なのである。そういう意味でのストレスは日本国内には少ないのだが、異国に渡ってきたチャレンジャブルな中国人も、やはり立派である。異文化の海外で働くのは孤独である。楽しみは苦労を乗り越えたあとにやってくる。

お題目だけの現地化はかえって混乱を招く

グローバル化が進んだ昨今、日本人駐在員の数も格段に増えた。六〇年代から八〇年代であれば、出征兵士のように、横断幕に万歳三唱的な仰々しさで送り出されたそうである。日系のスーパーや日本食もない時代、ゼロから開拓し、事業拡大してきた諸先輩方には脱帽であるが、そういった先人の苦労の下に現在の駐在員の居場所がある。

現在、物質的な問題はほぼ解決されている。特に沿岸大都市では、日系スーパーの進出、日本料理店の展開があり、情報面ではNHKやBSが入り、インターネットも（言論統制はあるが）見られる。日本人コミュニティの中で暮らしている限り、日本とさほど違わない生活ができるし、マンションも広く、日本よりもむしろ快適に暮らせる。

しかし、本質的課題はより複雑になり、多様化している。メディアやネットが発達し、世界の情報がリアルタイムで見られる世の中になると、逆に、その真相が見えれば見えるほど、質的な負荷も増え、駐在員の苦労も多くなる。

私の駐在員時代の二〇〇一年～二〇〇六年を見ると、猛威を振るったSARSもあれば、デモなどの反日活動は持続的にあった。一方、急速な経済発展とのアンバランスの中で、華南、華中、華北領域の沿岸地域ですら経済の格差が生まれ、現地ローカルスタッフのモラルや労働意欲も違っていて、統一的管理の困難さに出くわした。

中国の成長に伴い、駐在員へ日本から押しつけられる期待も大きい。中国は世界の〝工場〟から世界の〝市場〟へと変貌しつつある。となれば、駐在員の役割も責任も変化する。さらに大きく、さらに重くなるのだ。

高給の日本人を減らす企業もあるが、人件費が高いというなら、その高給以上の働きやアウトプットを示せばいい。それをせず、中国人を育成してマネージメントをまかせるというコスト意識だけの現地化はうまくいかない。

日系の中堅商社に勤める三〇代の中国人男性管理者は、私にこんな愚痴をこぼした。

「コスト削減はわかるけど、現場が回らなくなる。中国を知らない日本人と電話でやりとりしても、意思の疎通はむずかしい。日系企業の顧客であれば、お客さんは日本人。いくら私が日本語ができても何の決定権もないし、日本の本社との調整も大変だ。しかも、中国人職員の管理もしなくてはならない。手に余るよ」

そして、彼は辞表を提出したという。この商社はその後の混乱を避けられないだろう。

日系企業はお題目のように「現地化」を叫ぶのであるが、うまくいかないケースが多いことも事実である。日系企業でのストライキも多発している。理由は種々あろうが、結局は中国人社員との日頃のコミュニケーションがとれておらず、彼らの動向観察ができていないことが主因であるし、対応が後手後手に回っているともいえるだろう。

実は中国人は日本人が大好きという事実

中国人は日本人が好きである、と言いたい。そもそも、基本的に中国人は人間が好きなのである。人懐っこいし、いったん打ち解ければ、非常に友好的でもある。金がからむと俄然、したたかになるが、それは万国共通であって、日本人でもその傾向はあるではないか。

さまざまなアンケート調査を見れば、好悪の感情はその時々の日中関係の政治的状況に連動している。中国人の日本人観は年齢層によっても違う。日中戦争を経験した生き証人たちは、戦後六六年とはいえ、その記憶が消えることはない。

しかし、忘れることはできなくても、それを教訓として過去を許容し、悲劇を二度と繰り返さないよう、未来を見なければならない。

戦前の中国への進出が侵略か否かは意見が分かれようが、今さら中国人と論争しても詮ないことである。残虐な侵略国家としての日本は、中国人の心の深層から消えない。では、どうすればよいのか？

もう一つの顔、新しいイメージを日本は創出するしかない。

中国ビジネス・成功のヒント

日本人の言動は常に、中国社会で注目されている。

日本人を代表しているくらいの自覚が必要。

異国での日本人間の「助け合い」も必要だろうが、

日本人同士で日本料理を食べ、日本語カラオケクラブに行くという

お決まりのコースを早く卒業し、

より多くの中国人と人間関係をビジネス成功のポイント。

「現場を知ること」がビジネス成功のポイント。

かつての日本優位の時代は終わった。

ビジネスも中国人との競争である。

中国人には真似（パクリ）できない付加価値や能力がなければ、

有能な中国人の半分以下の給料となる覚悟が必要だ。

〔第八章〕

したたか中国人と上手につき合う方法

三〇代カップルに国際結婚が急増中

最近、日本人に国際結婚が着実に増えている。生活の一面一面でいろいろと衝突もするだろうが、国境を乗り越え、愛を育むカップルの姿には感銘さえ覚える。結婚に踏み切るには、日本人カップルとは違うエネルギーを必要とすることだろう。日本人同士ですら、価値観の相違があるではないか。当のカップルはさほど気にしていないのかも知れないが、多種多様な困難が待ち受けているはずである。

結婚の国際化は、海外旅行が簡便になり、世界との交流が広まってきた結果でもあろう。一世代前であれば、異文化混合は非常識でもあり、奇異でもあり、周囲の目も冷たかったに違いない。特に日本は島国のためか、拒絶反応が強い。

日中間での結婚が群を抜いてトップであるが、それも当然かも知れない。隣国であり、同じ黄色人種であり、見た目にも違和感がない。パスポートを見て、初めて正体がわかるくらいである。

これだけ世界が身近になっても、日本では今も偏見を持つ人が多い。愛が国境を越えてもいいではないか。当人たちが幸福であれば、決心したのであれば、周囲や世間がとやかく言う筋合いではないはずである。

中国も過去には日本と同様、偏見が強かった。文化大革命時代は、外国語が話せるというだけでも、外国製のライターを持っているというだけでも、非国民扱いを受け、糾弾された。海外で苦学し、帰国した中国人は祖国を捨て、また海外へと活路を見出すしかなかった。でなければ生命が危ない。いわば〝鎖国〟であった。土地も建物も荒れ果て、疲弊し、貧困への道を歩んだ。餓死者も出たに違いない。

しかし、そんな時代も過去である。改革開放の経済政策は海外を受容することからスタートしている。能動ではなく受動ではあるが、中国は世界に近づいている。といっても、富裕層か、海外に何らかのコネクションがある者に限った話で、一般の中国人、特に内陸部の中国人にとっては、まだ海外は遠い存在である。

二〇一〇年以降から海外旅行できる層も広がり、今後さらに活発になりそうだが、順番としては中国国内の旅行が先だろう。豊かになってきた中国人はまず国内を旅行する。世界遺産も雄大な自然もこの国にはある。観光資源には事欠かないのである。

中国は変貌した。かつてはグリーンがかった人民服や紺のズボン姿で人々は自転車に乗り、どこの街の風景も地味だった。それが今はファッショナブルになり、街もカラフルだ。若い女性はミニスカートを穿き、ファッション雑誌も上海を中心に全土へ飛び火して、女性の必須アイテムとなっている。

男性もお洒落に目覚め、服装に気をつかい始めた。整髪アイテムも売れている。外見上、国籍も出身地も見分けられなくなってきた。プチ整形も抵抗なく行われるようになった。

美しさを求めるのは日本も中国も変わりはない。以前の「アジアの四龍」――韓国、台湾、香港、シンガポールがそうであったように、ファッションもお洒落も日本に近づいてきている。特に若者は日本のファッションに親しんでいる。

ビジネスマンとしての私が、真夏の炎天下でもスーツにネクタイ姿でペコペコ頭を下げていれば、すぐに日本人だとわかる。しかし、日常生活を営んでいると「日本人でしょ！」と指摘する中国人はほとんどいない。どちらかというと華僑、華人とか、香港や台湾人と言われることが多い。私が中国語を話すことも理由の一つだが、外見だけでは区別できない時代なのだ。中国人も母国語を話さなければ、素姓はわからない。

私が小さい頃の国際結婚といえば、非常に珍しく、特別な〝事件〟でもあった。知り合いでアメリカ女性と結婚した方がいたが、その方はアメリカへ留学をして、そのまま現地で働くうちにパートナーと出会ったわけだが、結婚後は仕事の都合で日本で生活していた。

私としては偏見は持たなかったつもりだが、

「日常生活は英語かな？」

「奥さんの日本での生活は大丈夫かな？」

「子供ができたら、目はブルーなのかな？」

「日本食は大丈夫かな？」

「毎日、ハンバーガーとかステーキを食べているのかな？」

と、素朴な疑問で一杯であった。海外はまだ遠く、羨望もあったが、それよりも彼らは違う世界で生きる人たちに見えたものだ。

そして、日本人と中国人との結婚といえば、テレビ番組で取り上げられるような、中国の貧しい娘が嫁不足の日本の農家へ嫁ぐとか、富豪の後妻といったイメージがせいぜいであった。ところが最近では、私の周り（友人たち）でも国際結婚が増え、相手がどこの人であろうと、違和感はなくなってきた。フランス人、アメリカ人、韓国人、シンガポール人……。もちろん群を抜いて中国人が多い。

中国人と結婚した友人D氏はいわゆる「できちゃった婚」なのだが、日本で働いていた彼女と意気投合、つき合ううちに子供ができてしまい、急遽、お詫びと正式な結婚の了解を得るため、中国華北地方へ飛んだ。もともと結婚が前提の交際だったので、迷いはなかったそうである。その後、両親同士も仲がよくなり、片言ではあるが、東シナ海をはさんで、メールのやりとりをしているという。そして、当人たちの夫婦生活は紆余曲折はあるものの、うまくいっているようだ。

D氏は「現在の日本人女性よりも、もしかしたら日本人っぽいかも知れない」と、言っていた。人材紹介会社の幹部でもあり、仕事もハード。家庭は二の次になっても、奥さんが不満を洩らすことは特にないそうである。日本に来て、料理の腕を鍛えた彼女は、栄養バランスを考えて、豆腐料理、ひじき、煮物などを作るそうだ。

人間はどんな環境に入っても、順応するものである。その根底にあるのは、日本で生活するという必然、夫を愛し、子供を育てたいという気持ち、一緒に暮らし、将来を築きたいという希望であろう。D氏も可能な限り、育児など分担しているそうである。

結局、ともに生きるということは責任分担なのである。シングルマザーでもよい。専業主婦でもよいし、専業主夫でもよいが、誰かとシェアしていかなければならない。自らと相手の生活がうまく分担されていれば、その形はどうでもよいのではないか。

奥さんのKさんいわく、

「日本では、女性が働く環境の整備が遅れている。女性の社会進出というけれど、男女同権の中国に比べればまだまだね。日本人の男性にも女性にもその意識が欠けている。女性は結婚イコール寿退社が、まだまだ社会通念だし。だが、それは日本の社会構造に起因している。男性の方がハードワークに適しているし、日本社会はそれで成り立っている。現実問題として、残業やら接待やらで飛び回る日々では、女性は体力が保たない。男性社会になるのもやむを得ない。中国では男女の区別なく働くけれど、ほとんど定時で帰れるから、日本みたいに死に物狂いで働かなくても大丈夫」と、社会習慣の違いを指摘している。

円満の秘訣は語学力を基礎とした相互理解である。旦那のD氏も留学経験があって、中国語ができる上に慣習も理解している。奥さんのKさんも日本語が流暢で、「日本で働くということ」を理解している。

しかし、これは稀有なケースといえるかも知れない。一般的には多難のようである。言葉の壁、文化の壁、慣習の壁といった障害を乗り越えていかなければならない。日本人同士ですら大変なのに、よくまあと思うのだが、そういう壁を乗り越えていって欲しい。

世界がグローバル化し、日本の価値観も多様化してきたという背景があるのだろうが、異文化を越えての結婚であるから、多くの困難を内包しているに違いない。

国際結婚は増え続けるだろうが、少数派であることに変わりはない。しかし、壁を乗り越える意志と努力はその周辺にも幸福をもたらすであろう。欧米では国際結婚など珍しくもない。これからの日本に必要なのは違いを認める寛容さである。

外国人の犯罪が目立ち始めたが、それはまた別に対処法を講じるべきこと。寛容さを持たねば、全体としての日本は沈没してしまうのである。

中国での売春、これは罪か

中国でも売春は犯罪である。しかし、なくなることはない。

この人類最古の商売は、男と女が存在する以上、消えないだろう。中国の歴史上には、皇帝、政府の管理統制の下に「紅灯区《こうとうく》」という遊郭が存在していた。ご多分に洩れず、人身売買的なケースが多かったようだが、中華人民共和国の建国とともに廃止され、女たちは大陸中に散って行った。

事情通の中国人によれば、現代の商売スタイルには四種類あるという。「床屋の裏部屋」「カラオケスナックからのお持ち帰り」「出張や個室のマッサージでの延長」、そして「路上立ちんぼ」、この四種類だ。

これらは半ば黙認されていたが、最近では規制が厳しくなってきた。特に〝路上〟は減少方向である。深夜零時を過ぎると、公安の手入れを警戒して、客に身分証明書の提示を求めるマッサージ店も増えている（むろん、警官だって、バカ正直に正体を明かすはずもないが）。中国公安の取り締まりは大都会では特に厳しいが、「上に政策あれば下に対策あり」で、イタチごっこを繰り返しているようである。

男と女が存在し、金や快楽を求め、夜を慰めてくれる相手が欲しいという人間感情がある。

倫理に反すると否定するのは簡単であるが、中国においてもサービス産業として、経済の一翼を担っているのである。

あるFA（ファクトリーオートメーション）系部品商社の中国人社長いわく、「きれいな水に魚は棲まない」

そして「中国では〝度〟が大切である」と力説していた。

「度を越えると査察に遭う。権力闘争のネタに使われてしまうのだ。この手のビジネスの裏にはほとんど公安がからんでいるし、有力党員も一枚噛んでいる可能性がある。中国では常に情報を集めておかないといけない」と。

現在、査察は非常に厳しくなっており、強制送還される日本人もあとを絶たないのが実状である。

日本企業の買春ツアー始末記

二〇〇六年のことだからニュースを覚えていない読者も多いだろうが、ある日本企業の買春ツアーが催行されたのは、香港から船で約一時間の経済特区・珠海《シュハイ》である。これには中国全土をあげてのブーイングの嵐であった。

中国華南地方には、香港村や台湾村という無法地帯もあるという。客は日本人だけではなく、中国人も欧米人もいて、訪問客の国籍は千差万別。なのに、なぜ、日本人ばかりが吊るし上げられるのか。反日を煽って、中国人の不満の矛先を逸らすという為政者の狙いもあるが、無法地帯に踏み込む旅行者への警鐘もこめられている。

ニュースの翌日、中国人の部下（男性）は私に聞いてきた。

「日本人の集団買春のニュースがあったけど、どう思いますか」

ニヤニヤしている。中国人は遠慮会釈などしない。デリカシーは世間話には邪魔なだけ。井戸端会議も非常に活発だ。「壁に耳あり障子に目あり」がまさに中国社会でもある。

「人治」で売春も管理する

政府関係者の中国人（四〇代男性）が冗談半分ではあるが、語っていた。

「中国には大昔から売春が存在し、現在もほとんど黙認されている」

西側世界には合法化している国もある。そこでは、売春というサービスへの対価として、金銭を支払う行為は悪でも何でもないそうだ。オーストラリアでもオランダでも合法化されている。アムステルダムの「飾り窓の女」はもはや文化的観光名所である。

アジアでも合法化は珍しくない。税収アップ、そして〝商売〟を管理下に置き、エイズや性病の蔓延を防ぐ狙いもある。特に発展途上国では、重要な外貨稼ぎの一つでもあり、その国の経済発展に寄与している側面があることは皮肉でもある。だから、買春ツアーというものも成り立つ。

「中国でも合法化した方が税収は上がるし、治安もよくなるのでは？」

との私の問いに、彼はこう答えた。

「賭博が非合法なのは、合法化してしまうと働かない者が一気に増えてしまう可能性があるからだ。売春が合法になれば、一夜にして中国全土で『売春街』ができてしまう。そして、すぐに価格競争が生まれる。今よりもっと治安が悪くなることは火を見るより明らかだ。貧困を脱するために、現在は黙認しつつ、時々は取り締まって、売る方にも買う方にも、犯罪なんだと思い出させる。コピー商品の取り締まりと似たようなもので、バランスが大切だ」

そう語っていたのが印象的であった。「人治」だからこそできるわざであり、それが「最高効率」なのかも知れない。

売春で連想する言葉といえば、貧困、金、ドラッグ、マフィア、自由、快楽、失望、虚無、病気、コンドーム、避妊……暗いイメージのオンパレードである。貧しい農村で生まれ、奉公の名の下に売られていく女性の物語をイメージしてしまう。だが、現在の中国では、スタートの動機は同じ「金」でも、最短で金を稼ぐ方法として、割り切っている女性が多いようである。

あるマッサージ店で働く出稼ぎの中国人女性（二一歳）は語る。

「まっとうな会社では働けないし、私も以前は工場で働いていたけれど、あの給料では実家への送金もままならない。手っ取り早く稼いで、田舎に戻って、家でも買うわ」と、屈託ない。

「この仕事ができるのは、せいぜい一、二年。あとは安い給料でも安定した仕事を探すわ」

売春が公然化されている西側世界では、このような中国の現状をどう思うのだろうか。

何よりもビジネスに必要なのは現地人の視点を養うこと

中国人との交際は明るく楽しく始めよう。一般的な友好関係を築くことはそうむずかしいことではない。中国語ができなくても友人になれる。しかし、ビジネスとなると話は別だ。裏切られる、だまされる、それを跳ね返して突き進む気迫が必要である。

中国を世界の工場として作り上げてきた先人たちも気の遠くなる苦労をしてきたに違いない。ジョブホッピングが当たり前の中国で、優秀なワーカーを集め、現地従業員を育てたのだ。その従業員を競合他社に引き抜かれたり、電力不足で生産がストップしたり、突如訪れる法改正など、私も多くの日本人から苦労話を聞いた。

一三億人を超える人口大国で、中国人との友好関係を育てるのも容易なことではない。その世界に深入りできる体力と適応力が求められる。世界的に販路を持ち、ノウハウも体力もある大手企業はゆとりがあるし、人材も集まりやすいが、それでも苦労は絶えない。

著作権の侵害やコピー商品など、まだましな方である。知名度が低く実績もない中小企業が中国展開するとなれば、まず何よりも中国人の人脈を広げる必要がある。人脈だけでビジネスができるわけではないが、情報も収集できるし、リスクを最小限に抑えることができる。

首都北京の中央政府とのトップ人脈形成も巨視的に市場を見る上で重要であるが、微視的に市場を見据えるには、現地に溶け込み、現地人の視点を養うことが必要である。北京なら北京での生活と北京人。上海であれば上海の生活と上海人。それぞれ違う視点を養うべきである。言葉が堪能な日本人と中国人を現地で採用するのはむろんのこと、日本在住の中国華僑や華人、台湾系や香港系の人脈を活用することも大事であろう。

中国だけではなくビジネスはどこの国、地域でもハードルがある

ビジネスのむずかしさは、質や環境が違うとはいえ、どこでも同じである。成功の法則は結果論であって、全世界どこの国、地域に行っても乗り越えるべきハードルがある。

中国では各地域ごとに乗り越えなければならないハードルがある。その風土と文化を理解し、失敗も痛手もくぐり抜けなければならない。法整備が進んできたとはいえ、まだ未完成であり、時間もかかる。法解釈も地域ごとに違うし、その法令も突然変わり、すぐさま施行される。

それらの変化を乗り切るのはまさに曲芸であり、自転車操業的に走り続けねばならないから、

体力を消耗する。中国人は休みは徹底して休み、健康に気を配るが、日本人も日頃から英気を養っておかなければならない。

日本には昼寝という習慣があまりないが、私の留学時代、北京大学の学生たちは毎日小一時間、昼寝をしていた。午後からの授業に集中するためである。サラリーマンも基本は同じで、昼食後は机や椅子などを使ってゴロ寝する。日本流に昼食を一〇分で終えるようなせわしなさはない。しっかり休みをとらせる企業であれば、成功に近づくであろう。

日本では変化に対して「同じ色に染まる」的な適応力が求められる。が、中国では地域の慣習を受け入れ、一方では波乗りをするような軽快さが必要で、政治、気候、法律、流行の変化をとらえ、色に染まるのではなく「色を使い分ける、使いこなす」ことが問われるような気がする。中国人は日本のように色に染まることを好まないＤＮＡを持っているのである。

「引きこもり日本」を出てアウェー《異国異文化》でチャレンジしよう

アウェーでの戦いは不利ではあるが、それでも立ち向かわなければならない。中国人は不安定な雲行きを読む努力を欠かさない。情報収集のために友を作り、人脈を作り、ネットワークを作る。中国人も明日への不安を抱えているのである。中国人の現実的な思考法は、その不安のあらわれなのである。私はそう思う。

約束を反故《ほご》にすることは珍しくない。何時に待ち合わせと決めても、渋滞に巻き込まれれば時間は読めない。飛行機は勝手に遅れる。中国人の運転はマナーが悪い。自分さえ先に行けばよいのである。需要に供給が追いつかなければ、人間はこの心理になる。オイルショックが日本を襲ったとき、我先にトイレットペーパーを買い漁った日本人のように。

しかし、自分さえよければいいという行動は、結果的に非効率であることを日本は経験から学んでいる。だがそれもマスが限られた小さな国だからこその話で、マスが大きい中国ではそうはいかない。待っていたら本当に自分は進めない。渋滞は渋滞を呼ぶ。「善良な中国人を信じて席を譲ろう」という気持ちは尊いが、その結果は「あれ、いつまで経っても、先に進めないぞ」となる。

人も車も想像を絶する数なのである。人は次から次へと現れる。エレベーターもすぐに汚れる。手垢がついてしまう。清掃員が毎日掃除をしても駄目。新築のマンションも、たちまち古びてしまう。公害や大気汚染といった環境の影響もあろうが、マナーも未成熟であるし、貧富の差があるから、皆が皆、清潔な生活をしているわけではない。おかげで清掃員の雇用が確保されるわけである。清潔な社会は雇用を失わせてしまうという矛盾。中国では、こうした矛盾を受け止めなければ、生きていけない。

一度、知り合いになれば、一般の中国人は親切である。だから偏見は捨てよう。ただ、中国人の性根として、だます側にはだますという自覚が欠如していて、悪気などない。言い訳だけは天才的であり、だまされた方が悪いのである。

同じ黄色人種でも、生活環境が違えば人の意識も大きく変わる。そういった異国での環境をうまく波乗りし、チャレンジする人材が増えなければ、日本の将来も危うい。ニートが市民権を得ているような「引きこもり日本」では、将来はジリ貧である。大陸で挑戦するくらいの意気込みが必要であろう。

悔しい思い、「日本鬼子《リーベングイズ》」という蔑称

「日本鬼子（リーベングイズ）」は日本人の蔑称であり、いわばバッシング用語である。中国語が理解できるようになればなるほど、嫌なことも聞こえてくる。現代の日本人は戦後の平和憲法の下で生まれ育っている。中国の経済を援助し、技術を教授してきた日本に対して、日本鬼子とは無礼ではないか。そう憤ったものだ。

だが、そんな経験も今では距離を置いて見られるようになった。中国人の一面一面が可愛くも見える。発展途上にある子供の悪戯といったら「上から目線」になってしまうが……。

この地で生きるのは曲芸である。私たちも玉乗りをし、そのバランスをとる。そういった経験を通して、対人関係の進め方が見えてくる。

中国人に抵抗や偏見を持っている日本人も少なくない。しかし、中国人に、というより、外国人に対して、である場合が多くないだろうか。

日本的美徳を捨て去る勇気を持て！

中国の人口は世界の二〇パーセントを超えているのだから、絶対数として、この民族との交際を抜きにしてのグローバル化などあり得ないのに、日本の目は欧米にばかり向いている。

私自身、中国滞在が長いからといって、中国人とだけつき合っているわけではない。中国はあくまでも舞台である。世界の企業が集まる舞台である。よって、アメリカ人、ヨーロピアン、韓国人、中国華僑、アフリカ人、中東のイスラム圏の人たちともつき合いがあるが、中国がその多数を占める、ということである。

中国とは積極的に交わろう。外交であれ、ビジネスであれ、留学や旅行であっても、である。中国人とは「心」から、はっきりシンプルに主張して溶け込むことが大事である。さもないと、中国人は「あなた何？」「なに考えてんの？」と冷淡である。政治問題は微妙で厄介だが、主張すると面白がってくれる。共産党批判だけは表立ってはできないけれど。

中国人はビジネスつまり金銭がらみになると要注意だが、通常の交際なら庶民的で、親切で善良でもある。ただ、つき合いのない他人となると、本当に冷徹である。というより、彼らも生きることで精一杯であって、致し方ないのではあるが。

お互い人間なのである。彼らの権利や生命を脅かさなければ、彼らは何もしない。利害をめぐっては小競り合いを繰り返すことになり、中国人の言動に一喜一憂し、手痛い思いもさせられるが、利害を離れれば、まったく安全なのである。

しかし、人間関係に利害はつきもの。中国人と小競り合いになったら、謙譲の精神は忘れよう。日本的な美徳など、全然、役に立たないのである。

中国ビジネス・成功のヒント

アウェーでの戦いが不利なのは古今東西同じ。相手のカルチャーに入り込み、中国人の理解者を増やすこと、よいパートナーと仕事をすることは、成功への第一歩である。

〔第九章〕

日本と中国、どうすれば隣国愛を持てるのか

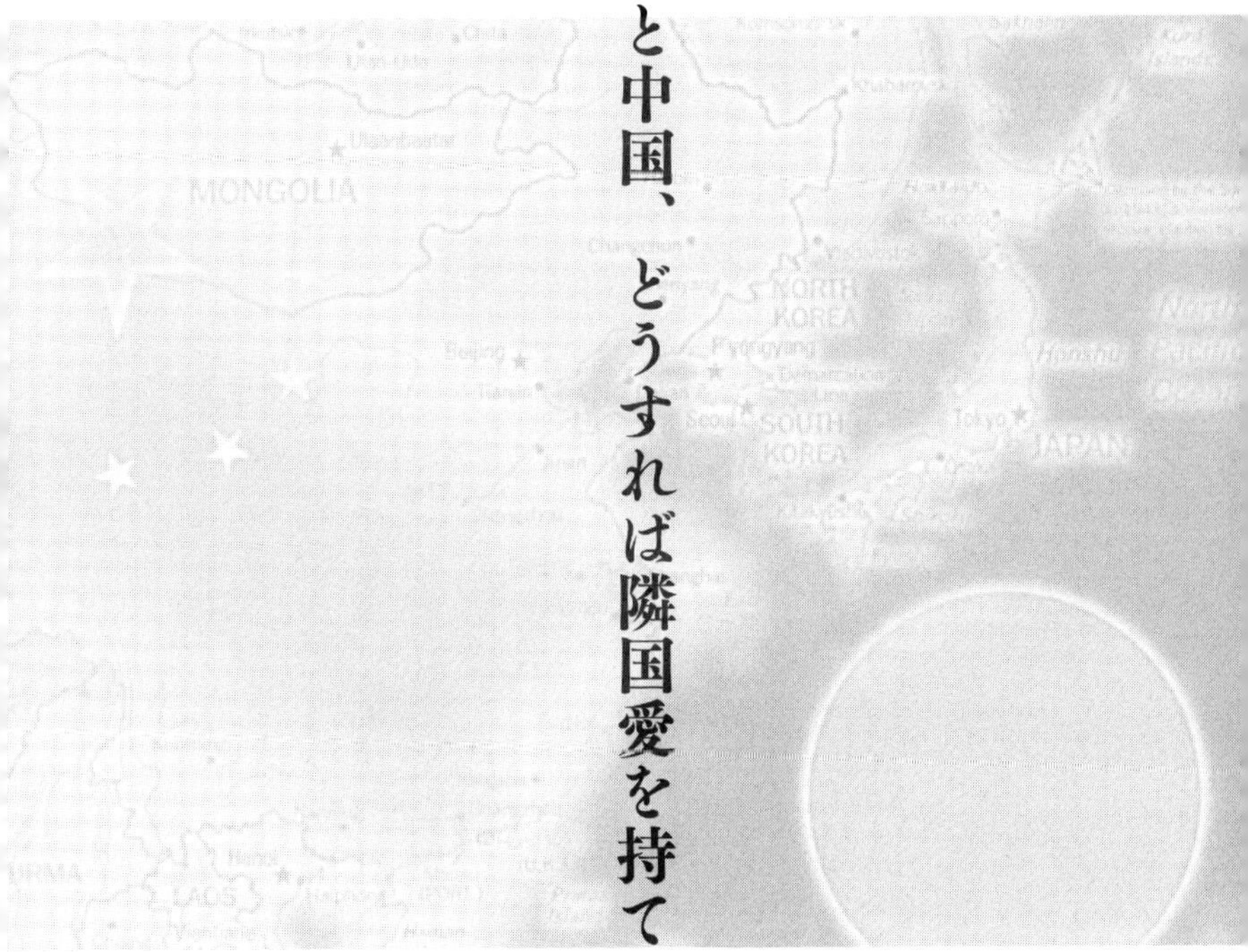

日本の経験こそ中国にも世界にも誇れる真の価値

私がこの本を書いている理由は、何といっても日本人に、日本企業に、そして日本という国に、中国で成功して欲しいからである。アウェー（異国異文化）でも環境に適応し、一旗揚げてもらいたい。決して一過性のものではなく、中国大陸というでかい国でしっかりと足場を固め、持続的にである。よいことも悪いことも日本の経験を伝えながら、である。

成功は分かち合わなければ、また戦争になってしまう。独り占めは禁物。共生を心がけること。優良な中国企業に日本の魅力を知ってもらう。多くの中国人にもっと気軽に日本へ旅行してもらい、日本を知ってもらおう。日本と中国は貿易の面でも強く結ばれており、両国の製品が互いの市場に定着しているが、本番はまだこれからである。

第二次世界大戦において、日本は加害者でもあるし、不幸にも被害者でもある。焦土と化した日本を復興し、経済成長をひた走り、世界に冠たる経済大国になったのである。そうした両面性を持つ日本の経験こそ、世界に誇れるのである。

私の言う隣国愛とは、言うべきことは言い、互いに毅然と主張し合える関係ということであり、決して迎合するという意味ではない。

過去の経験に裏打ちされた〝今の日本〟の長所短所を理解してもらうことは非常に重要であ

り、ケーススタディーとしても、中国の持続的成長には欠かせないのである。

ほとんどの中国人は今の日本を知らないといっても過言ではない。日本人の男性は夜まで仕事をしたあと、飲み屋をハシゴして、ネクタイを頭に巻いて、午前様で帰宅する。女性は男性の言うことを「はい、はい」と聞いて、従順に世話をする。そう考えている中国人はまだまだ多い。インターネットが普及し、ある程度は日本を知り得る環境だとはいえ、関心がなければ知ることもない。「百聞は一見にしかず」である。交流を促進し、実際に日本を見てもらえたら、その効果は大きい。

日本人が中国で金を落としているように、中国の人々にも日本で金を落としてもらおう。日本ファンをどんどん増やすのである。コミュニケーションを通して「知る」ということが大事である。人は「知らない」対象には偏見を持ってしまう。忌み嫌うのである。

東西冷戦の時代がまさにそうであった。仮想敵国はとんでもない民族であり、野蛮であると考える。だが、旧ソ連にしても、日中国交回復前の中国にしても、一般市民は普通に食事をし、友人と酒を飲み、家族と田畑を耕すという、庶民の暮らしをしているのである。

お互いを知ることが認知につながる

ある金融業界に勤める日本人が「中国人は嫌いだ」と唐突に言い出した。

「中国に行ったことはあるんですか」と尋ねたところ、「ない」と言う。行ったこともないのに嫌いだなんて、よく言えるものだと首を傾げた。このような人物が中国ビジネスを語ったところで、説得力はない。ビジネスは好き嫌いの次元ではないのだ。

その方は印象だけで判断してしまい、知ることを拒絶しているようである。こういう日本人も実はいまだに多いのであるが、中国人も同様で、日本へ旅行したこともなく、報道や映像のみの影響を受けている人たちが「日本人は嫌い」と言うのである。

一度知れば、好き嫌いはあっても、存在を意識するようになり、やがては認知することにつながろうというもの。選択肢を提供できる。扉が開かれる。好き嫌いは自由勝手だが、まず知ってもらわなければ話にならない。もっと大々的にPRするべきである。

だが、PRしようにも、日本は特殊でつかみどころがない。中国に限らず、どこの国に対してもそうだが、シンプルにわかりやすく、そして広くアピールしなければならない。

反米感情が強いはずの中国で、なぜ、アメリカ的なもののファンが多いのか。それこそ「認知」によるものだ。PR効果は絶大である。コカ・コーラ、マクドナルド、ケンタッキーは、もはや中国人民の生活の一部となっており、心の中に浸透している。ビジネスをする上でも、日系よりもやはり有利なのである。

中国で携帯電話といえば、韓国サムスンかフィンランドのノキアである。決して日本製ではない。日本の品質、技術に対して、九〇年代初頭まで存在していた憧憬や尊敬は今や凋落の一途なのである。

新たに日本がセールスできるものは何か。それを創出せねばならない、発見せねばならない。中国の若者は日本のファッションに憧れている。ゲームやアニメは世界をリードしており、中国でも、ドラえもんや一休さんを誰もが知っている。侵略の日本を思い出すこともなく、日本のものだと認識し、親近感を持っている。

しかし、油断は禁物だ。国際市場で日本アニメはすでに衰退傾向にあり、経産省も「クール・ジャパン」を掲げて、さらなる戦略産業を模索している現状だが、なにしろ日本企業はプレゼン能力が甚だ欠如している。

とりあえず、わかりやすいところでは、日本式餃子もラーメンもある。世界に類のない温泉がある。温泉に入って「今の日本っていいね」と言ってもらうのである。日本的サービス精神を他国の人たちにも評価してもらおう。日本国内のマーケットだけに依存していては、時間とともにジリ貧である。

日本にいると、目の前しか見えない。東京に一極集中しているように、不動産市場の活況も都市圏に集中しており、地方までの浸透にはほど遠い。地方都市や農村漁村は過疎化の加速で衰退の一途である。

いびつな日本像をまず浄化させる

とにかく世界の五分の一以上の人口を抱える中国である。中国人、中国企業ともうまく渡り合って、日本の付加価値を上げて欲しいのである。それが、少子高齢化が進行する日本の将来のためであると確信する。中国における日本のファンをもっと増やし、日本にもっと投資してもらう。日本を好んでもらう。決して属国になるのではなく、ファンになってもらい、対等な関係、パートナー的関係を地盤から醸成するのである。

中国に爪痕を残した戦争の悲劇は忘れず、苦難を乗り越えた日本の経験をアピールすることで、いびつに脚色された日本を、中国人民の生活、意識の中から払拭し、浄化するのである。日本を判断する材料をもっと提供しよう。難儀なことかも知れないが、中国もまた多面性を孕《はら》んでいるわけであるから、もう一つや二つの日本像は作れるし、中国人に新しい選択肢を与えることができるかも知れない。

日本人の意識が変われば、可能である。前述したが、環境対策での積極支援もいいだろう。環境破壊先進国であると同時に環境対策先進国でもある日本の経験と教訓は、中国の今後に大いに役立つ。役立つビジネスは、感謝される。中国の環境破壊は近隣の日本へ飛び火する問題でもある。日本にも役立つ。

表面的に利用されてもいいではないか。きっちりPRして、うまく活用してもらうのである。砂漠化を防止するため、緑化政策を進める事業展開もよい。「気がついたら、日本が支援していた」「これ、日系企業だったんだ」と、いずれどこかで知ってもらえればいい。そういう時がもっとも大事であり、本当の日本に触れてもらう瞬間なのでもある。

日本のODA（政府開発援助）を知らない中国人は圧倒的に多い。なにしろ日本の外交政策ときたら、いつも後手後手。下手クソであるから、巨額の国際貢献をしたところで、まったく尊敬されない。そもそも、PRする気があるのだろうか。

中国の成長はこれから本格化する

注目される新興経済国には、インドもロシアもブラジルもベトナムもあるし、今後の魅力は大きい。しかし、中国の市場がこれから成熟に向かうにつれ、投資環境も法制度も整備されていく。市場の成熟は市場の多様化をさらに生み出し、経済の底上げが進むのである。しかも、地理的にも中国は日本から近い。これは有利である。時間も含めた物流コストを抑えることができる。制度、慣習、文化の違いは無視できないが、同じ黄色人種であり、漢字文化であり、食事も含めて生活にも入り込みやすい。

市場の成熟によって、北京、上海、広州などの大都市はさらに多様化し、高度化したマーケットへと成長していく。次には、神戸や広島、仙台と同規模の人口一〇〇万人から二〇〇万人の中核都市が成長を始める。となれば、その周辺都市も段階的に成熟化の道を歩み始める。このマーケットは二〇一〇年代半ばから、急速に面白くなってくるだろう。

マーケットとしての中国市場は膨らみ、多様化していくが、世界の工場としての魅力はどうなのか、という問題が出てくる。優秀で豊富、かつ安い人件費が大きなメリットだったわけだが、沿岸都市の発展とともに人件費は高騰していく。政府通達の最低賃金もアップせざるを得ない。よって、現地化を加速させ、高給取りの日本人スタッフを減らす努力は、どの企業もやっている。

しかし、人件費の高騰はいずれ上げ止まりせざるを得ない、と私は考えている。

高騰する人件費には内陸シフトで切り抜ける

二〇一〇年五月から六月にかけて、中国に進出している外資企業に賃上げ要求のストが相次いだ。特に日系企業に集中したが、その理由はネット上や携帯メールで「日系企業は弱腰だ」という噂が広がったこと、そして日系企業は中国人社員の登用が進まず、労使交渉が下手だったためといわれている。

安い人件費は中国に進出する各国の企業にとって最大の魅力である。それがなくなったら、外国企業は尻に帆をかけて撤退するだろう。中国にしてみれば、二〇五〇年へ向けた経済成長、つまり総設計師・故鄧小平氏が目指した、GDPの国民平均を先進諸国の中位レベルに引き上げるという壮大な実験のためには、外資（外貨）は絶対に手放せない。何とか、外資にとって魅力ある制度を構築し、妥協もするであろう。

また、約九億人の農村人口を考えると、出稼ぎ労働力が底を尽くことはない。沿岸都市へ働きに来ている労働者は、確かに、より高い賃金を求めてジョブホッピングを繰り返す傾向があり、雇用の不安定要素はあるが、労働力は次から次へと供給される。

中国沿岸都市の物価、人件費が上がり、ペイできないというのであれば、前述したように、内陸部へと生産拠点を移せばよいのである。インフラの不備や物流のダメージは最初だけの辛抱だ。中国が世界の工場と化した九〇年代の沿岸都市のように、同じ段階を歩んで環境は整備されていくので、ある程度のリスク分散は可能であろう。中国のマーケットそのものの魅力が増大するなか、この国の生産力は今後も期待大である。

中国という巨大マーケットですら、まだまだこれからなのである。安易なリスクヘッジとして、インド、ロシア、ブラジルといった新興国に傾注するビジネス志向は感心できない。豊富な資金力とマンパワーを持つ大企業であれば結構だが……。つまり、中国沿岸都市のリスクヘッジとして中国地方都市があり、そしてその他の外国もあるという見方をすべきである。

北京五輪、上海万博を成し遂げた中国の今後一〇年間

これからの一〇年間、中国はさらに変貌と発展を遂げる。

二〇〇八年には北京オリンピック、そして二〇一〇年には上海で万博が開かれた。一部の沿岸都市だけではなく、地方がこれからの経済の舞台となり、今後、数十年は市場として期待できるだろう。

中国は一部の大金持ちだけではなく、中流そして下層社会へとより豊かになっていく。これからの五年間は短期的実利よりも遠い先を考えての投資が必要だ。「古きよき日本の伝統も素晴らしい。それらを包括して、経験に裏打ちされた日本の今」を、シンプルに浸透させることに傾注すべきであろう。

決して、強制であってはならない。共生のために理解者を増やし、中国人に日本ファンを増やそう。コミュニケーションの壁を取り払おう。一歩一歩着実に。まずは行動して、粘り強く、努力と忍耐で、相手を認知しよう。そして、できる限りシンプルにフラットに交流を促進させる。海を越え、人、物、金、サービスを縦横に行き交わせ、加速させ、日本の経済をも活性化させるのである。個人は個人の努力で、企業は企業の努力で、国家は国家の努力で、である。

「対岸の火事」ではすまない中国情勢

外国人の友人ができると、日本人は何かしら特権を手にしたように考える。ある種のスターと知り合ったとまではいかないが、特別な対応をとる――というより、とりたくなる。日本は移民が建国したアメリカや国土が陸続きのヨーロッパと違って、四方を海に囲まれた島国であるから、外国との直接の接触がなく、言語の習得も外国人とのつき合いも不得手である。だが、結構、中国人も同じなのである。

大陸とはいえ、そして五六の民族の〝坩堝《るつぼ》〟だとはいえ、外国人の友達を作ることは苦手である。ましてや、独自の文化への誇りが高く、中国こそ世界の中心と考えているから、自国の価値観を押しつけてくることはあっても、おいそれと他国の文化を受け入れてはくれない。

中国人はそれぞれのネットワークという小さな世界で生きており、その集合体が隣へ、さらにその隣へとつながって、広大な中国を形成している。外国との交際が下手、悪くいえば排他的な点では日本に近いものがある。自らの価値観に固執していて、他者を容易に寄せつけない。表向き、他人にいい顔をするところも共通である。

中国人も外国人の友人ができると、相手にある種の特別な感情を抱く。

「日本人の友達がいる」「同僚に日本人がいる」「日本企業と取引している」――好き嫌いは別

として、珍しいことだから自慢もする。

お互い精神的に距離を置いている民族だが、ご近所である。美点も難点も見えてくる。つまり、そこに親近感が生まれる。

わが国の民主党政権は、中国寄りだった小沢一郎氏から日米基軸優先を主張する菅直人総理へと舵取りが変化した。いつまで政権維持できるのかという疑問もあるが、残念ながら欧米は物理的に遠い存在であり、時差も大きく、はるか彼方の国々ではないか。誰しも遠い国への憧憬はあるが、今ひとつ親近感がない。この感覚は中国人にとっても同様だ。

「×××の国で紛争？」

「戦争だよ。戦争」

「車が燃えてる。ビルが崩れてる」

「夜空に撃ち上げる曳光弾がイルミネーションみたいだね」

「すごいね。大丈夫かしら。あっちの人は大変だね」

映像はリアルタイムで届いても、対岸の火事なのである。湾岸戦争のとき、ゲーム感覚でテレビに釘づけになっていた日本を思い出そう。金さえ出しておけば国際貢献していると錯覚していた。血を見るのはイヤ。お金で何とかして。

しかし、日本と中国の間ではそうはいかない。隣国で戦争が起きれば、火の粉がどんな形で降ってくるか、わからない。日本の「仮想危機」のトップ事項の一つと考えた方がよい。「中国で何が起ころうと関係ない」では、これからの時代はすまされない。日本国内にいても、中国を知ろうと努力はできる。ある日突然、社長が中国人になっても驚いてはいられない。そんな時代が来る日はそう遠くもないだろう。外資は白人社会だけには限らないのである。中国もインドもブラジルもロシアも外資なのである。

世界に、中国に、日本のファンを増やすこと、これが肝要である。日本は質実剛健で真面目だが、楽しい国なのである。自然に囲まれた美しい国であり、素材を生かした健康食豊かな国なのである。歴史と伝統があり、今は世界に冠たるサブカルチャー大国である。

かつての日本は経済街道を突っ走った環境破壊の国であった。今では環境対策に躍起となり、資源のリサイクルも進めている。お手本にしろと威張るほどではないが、それなりのノウハウは他国に教示できる。

日本は敗戦の困窮も経験し、オイルショックの荒波にも揉まれ、復活したと思ったら、また調子にのってバブル経済を謳歌する。崩壊し、そしてまた復活し、土壇場になると危機を乗り越える結束と底力を持つ国であるともいえる。

だが、今の日本に魅力はあるだろうか。イエスと言える日本人は手を上げて欲しい。魅力がなければ、創出したらいい。

残念ながら、中国では九〇年代のような日本への尊敬や関心は減少傾向である。関心は自国に向き、自らの成長に魅力を感じている。海外といえば欧米である。日本がそうであったように。日本を飛び越えてアメリカに、ヨーロッパに渡る。日本語は難しいし、差別されるし、日本社会は複雑で気疲れすると考えている中国人は実に多い。

「イエス」「ノー」で渡り合える欧米の方が居心地がいいのである。人は居心地のいいところへ流れていく。日本も居心地のいい国にしなくてはならない。「こうあるべき論」ではなく、違いを認める社会、多様性を認める社会に。ルールを守って。

生き方はそれぞれ自由なのである。そのように認められる社会風土の形成は今の日本にもっとも必要なものである。

微視的精神論には限界あり

「成功の要諦は、成功するまで続けるところにある」——日本のある教育機関の五誓の一説である。経営者がそう心がけるのは結構だが、中国の労働者にこの日本的な努力信仰を押しつけ、「頑張れ」と強要するのは無茶である。

頑張るというのは中国語では「加油（ジアヨー）」、つまり油を加えることである。日本は精神論ではなく、愛情をこめたメッセージを浸透させていくべきであろう。一部の日系企業では、企業理念の伝達を試みてはいるが、成果があがるには時間がかかる。どこまで辛抱できるかが鍵である。

日本人にしろ中国人にしろ、義理堅い人間はいないこともないが、まず期待はできない。義理人情や友情で動くのは、多少のゆとりがある場合である。ほとんどの中国人はメリットがないことはやらないと思っていた方がよい。

家族や友人といったネットワークのための自己犠牲はあっても、組織や社会、国家への自己犠牲を厭わないという中国人は少ない。一部の大富豪や富裕層ならいざ知らず、ビジネスで知り合う中間層のほとんどは、自分のことで精一杯なのである。

日本人の自己犠牲的謙虚さは（今では希薄になっているのかも知れないが）美徳の一つだろう。だがそれは、自我を抑えて集団や組織に調和することが結果的に日本では世渡りしやすいからでもあろう。迫害の歴史を生き抜いてきた中国人のＤＮＡは自己犠牲を好まないし、損はしたくない。むしろ損をしないことが美徳なのである。

成長を見守る愛情を持たなければ、中国と共生はできない。経済において、日本は兄貴分なのである。共生は物質的・精神的・思考的な条件が整わなければできないものではないか。今は共生に向かった環境構築を行うべき段階である。

今の日本にどんな魅力があるか

明治維新以降、日本は急速な近代化を推し進め、欧米列強に追いつくことが至上命題であった。中国からも多くの人材が日本に留学した。結果は日中戦争が台無しにしてしまったが、当時の日本は魅力的だった。しかし、今は違う。優秀な中国人は日本ではなく欧米を目指す。日本文化研究者とか日本マニアでない限り、欧米を選択する。

わが国は日本人ですら住みやすいとはいえない。外国人なら、なおさらだ。八〇年代バブル経済の頃とは事情が違う。当時の日本は狂瀾の大量消費社会であった。日本で頑張って働けば、中国で家が建った。経済格差が何十倍も何百倍もあったのである。金が稼げるという魅力。実態を越えた架空の経済ではあったが、中国人もその日本の経済を崇拝し、バブルの恩恵に与ろうとしていたのである。

「当時の日本は凄かった」と、日本に留学経験がある友人の中国人は述懐する。「日本は中国人には憧れの経済大国だった。しかし、今では中国もまた状況が一変してしまった。改革開放経済の下、にわかに経済が活況を呈して、ビジネス環境が整ってきた。戦わなければ生きていけなくなった。国営企業でさえ、この変化に対応できなければ、国は守ってはくれない。リスクが同じなら、日本よりも潜在力を有する中国の方が魅力がある」

中国でビジネスをした方が金になる。わざわざ勝手のわからない日本へ行って、苦労しなくてもよい――中国人がそう考えるのは当然である。日本は異質のものを認めたがらず、精神的にも物理的にも許容量が小さい。許容量の大きい欧米の方が魅力的だ。困ったことである。日本が単独で生きていくことには限界がある。日本の内部で、日本人だけで何をどう努力しても限界がある。

日本のサービスは本物だろうか

外国の無愛想なサービス業に接して、不快な思いをした日本人旅行者は多いのではないか。その点、日本のサービス業は実に親切丁寧だが、受ける側に伝わらなければサービスとして成り立たない。世界に通用するサービスを作り上げてこそ、本当のサービスといえるのではないだろうか。

長い海外生活を送り、久々に日本に帰る。レストランに行けば、氷の入った水が出てきて、おしぼりもついてくる。もちろん無料である。

「ああっ。日本だ、日本」

素朴に感激する。日本に長くいると、これが当たり前になって気がつかなくなる。このようなサービスが普及している国は日本くらいである。中国でもアメリカでも水は有料だし、レストランで無料で出てくるケースは稀だ。客側から頼まなくてはならない。初来日した中国人の友人が、水が出てくることに感動していた。ただ、感動はしてくれるが、理解はされない。

そこを早く悟らなくてはならない。日本のいうグローバル化は、アメリカの受け売りなのである。レストランもガソリンスタンドも、「セルフ」という効率優先の考えがまかり通ろうとしている。一概にどちらがいいとは言えないが、世界に通用してこそ「本物」ということになる。

心が渇きはじめた中国人へ深い隣国愛を

明治維新後の一〇〇年は、日本が欧米列強に追いつき追い越せで、敗戦という蹉跌《さてつ》はあったものの、戦後の復興と経済成長の道を歩んだ。経済も人口も右肩上がり。流行を追い、似通った服を着て、似通った家を建て、画一的な国となってしまったが、それでもバブル経済が崩壊するまでは、土地も株も有望な財産と信じていた。

その間には東西冷戦もあり、日本はアメリカ寄りだったためもあるが、アジアを無視してきた。中国に対しても例外ではなかった。無視というと語弊があるが、アジアにも中国にも目を向けている暇がなかった。自分の国、自分の家族、自分の会社の発展しか視界になかったのである。そして、その会社に生涯を守られてきた。

明治維新後の日本は、欧米に肩を並べるため、欧米からの支配を受けないために軍国主義の道を突き進み、アジア諸国を見下してきた。対アジアでは「空白の一〇〇年」であったといえるかも知れない。

しかし、長い歴史上、日本は中国から多大な影響を受けてきた。漢字をはじめとする文化、律令制度や建築技術、土器や貨幣も中国から学び、模倣し、改良を加えてきた。中国との長く深い交流を再認識する必要がある。そうすれば、中国への見方も変わってくる。必要以上に中国を崇拝することはないが、中国の存在なしには成り立たなかった日本であり、その恩恵を被ってきたことも忘れてはならない。お世話になったご近所に対し、隣国愛をもって接するという巨視的情を持つべきであろう。

今の中国は経済的には発展途上の段階。かつての日本も経験したことだが、すべてが混沌としていて、未成熟なのである。法律もインフラも人間の価値観もバラバラである。富める者も貧しき者もいる。狡猾な悪党も、善良な中国人もたくさんいる。彼らの成長を見守るくらいの寛大さで臨まなくては、中国とはつき合えない。

隣国愛とは、中国のすべてを美化し、崇拝することではない。現実を直視し、必要な支援は行い、言うべきことは厳しく主張する。迎合するのではなく、対等に接するということ。ご近所であれば、鼻につく面も見えてくる。しかし、ご近所づき合いもできずに、アジアや世界とつき合えるだろうか。

日本の過去がそうであったごとく、中国経済も馬車馬のようにひた走っている。乾いた大地で、一三億から一五億人がひしめき、生存競争をしている。体力がなければ、この国では保たない。魑魅魍魎《ちみもうりょう》うごめく競争社会で、中国人も心が渇き始めている。温かく隣国愛をもって接することが将来の日本のために必要であろう。そして、中国にも隣国愛をもって日本に接し、中国の健全な発展のために、日本の経験を活用してもらいたい。

多面放射型の人材を育成しよう

日本人が海外のものを模倣し、改良することに長けているのは、調和を重んじる風土があり、滅私奉公が美徳とされてきたからであろう。自分を殺してでも、組織のために成果を上げようとする特質のなせるわざである。

江戸時代は鎖国の時代であった。限られた資源、文化をどのように改良し、利用するかを工夫し、明治維新のプロローグが醸成された。有限の土地と人間の中で、知恵を出し合い、楽しむ生き方、静の中に動を見出す感性を日本人は身につけた。現在のモノづくり・日本の原型ともいえよう。

日本の技術力は素晴らしい。世界に誇れる、と言いたいが、それは一部の大手企業や「オンリーワン」技術を持ったごく一部の中小企業に限られる。日本企業のほとんどは中小と零細企業で成り立っており、国内市場依存型である。

よく中国人は言う。「一対一では中国人が勝つ。でも、三対三では日本が勝つ。日本人には結束力があるからだ」と。なるほど、と思う。中国人は圏子（チュエンズ）という身内の結束は固いが、社会的な調和の能力となると、日本人が勝る。

……とは思うのだが、現在の中国を見ていると、そうとも言い切れない。有人宇宙飛行を成功させる技術（一部に捏造疑惑もあったが）。かつての日本がそうであったように、コピーする技術。国産自動車を生み出す技術。中国人も団結できることの証である。

もともと火薬も羅針盤も活版印刷も生み出した国である。能力がないわけではない。日本が日本人の力だけに頼っていては、短期決戦では勝てても、持久戦になれば勝てない。テクニック対テクニックという微視的な方法だけでは中国で戦えない。

とにかく中国人の日本ファンを増やす活動が必要である。日系企業の中には、企業理念をアピールし、積極的に人材支援や基金を行っているところもある。

「ドブに金を捨てるようなものだ。中国人に利用されて、おしまいだ」と言う日本人もいるが、長い目で見れば、その実績や記憶が消えることはない。不断の広報活動こそ、乾いた大地に必要なのである。そういった長期スパンで中国を愛し、彼らの成長を見守ることが、中国における（日本にとっての）市場を長期的に持続、発展させていくのである。

日本の国内市場はなんとも中途半端である。人口は一億二〇〇〇万人。それなりの規模である。国内であれば、多少の方言はあるにせよ、意思の疎通に不自由はない。海に囲まれた島国であり、遠い欧米ばかりでなく、アジア諸国でさえ、まだ意識の外にある。そんな地理的環境が日本の「引きこもり」を許してきた。

そして、日本人の日本人による日本人のためのサービスで何とかなってきた。最近は交通機関など公共の場所に中国語やハングル文字がようやく表示されるようになり、日本人のためのサービスだけでは成り立たない危機感も見え始めている。

あるグローバル企業に勤める韓国人の幹部社員が語っていた。

「韓国は市場が限られている。世界に打って出ないと、生き残れない」

世界的ブランドとなったサムスンやLGなどに見る世界戦略、スピーディーな実行力は脅威でさえある。韓国には世界を相手に生存競争をやっている危機意識があるのである。

異国、異文化に対して、日本を発信する日本人以外の人材が必要である。特に中国での人材は、まだまだ少ない。

一方、閉塞傾向にある日本市場ではあるが、常に改良を加え、サービスの質を変え、一定の市場は存在している。日本国内型の人材も不可欠である。そのための手段としても、海外での日本語教育が大切になるが、世界が日本語を勉強してくれるほど、今の日本に魅力は少ない。

このままでは中国や世界を相手に太刀打ちできなくなる。

英会話学校並みに中国語学校が普及してもおかしくないのに、日本では外国語イコール英語の認識が消えない。日本を中国にアピールする一方で、中国を日本にアピールする努力も必要であろう。

相手を考える日本人、相手を考えない中国人

日本人は相手のことを考える。いたわりや気配りが美徳とされ、ここにマナーというものも発生する。しかし、中国人は一般的に相手を考えない。

「譲る」ということ、そして「相手の立場を配慮する」感覚がまだ未成熟である。ただ、圏子（ネットワーク）内では例外だ。過剰といえるほどの気配りを見せる場合があることも忘れてはいけない。

上海は巨大な現代建築も多く、東京以上の都会に見える。しかし、上海トランジットでこの街に到着すると、案内が充分でなく、旅行者はいささか困惑する。「日本、日本」と叫びながら人数確認し、出国手続きへと引率する中国人担当者も無愛想である。高齢の日本人乗客が「トイレに行きたい」と言っても、指を差して「あっちです」と答えるのみ。ところが、である。成田への出発時刻まで一時間を切っているのに、ここから出国手続きのイミグレーションまで、

歩いて一五分もかかるのである。他の乗客は焦りながらその日本人が戻るのを待たされたあげく、全員がイミグレへ全力疾走ということになる。

日本なら「イミグレまでここから歩いて一五分くらいかかるから、早めに戻ってきてください」もしくは「何時何分までに集合」と声をかけるのが集団行動の鉄則であろう。中国人にはそうした配慮が欠けているのだが、自分は仕事を果たしている、自分には関係ないという素振りである。

中国では、こういうことは大都会であっても随所で見られる。だからこそ、日本人は相手のこと（中国人の対応）を想定した行動を常に心がけることが必要であるかも知れない。

しかし、中国人とて、ビジネスや役人の世界はまた別物である。相手を考える能力や習慣がないと生きていけない。いわゆる「ＫＹ」では、相手にされないし、宴席にも招待されなくなる。中国人もビジネスの荒波に揉まれながら、円卓外交を展開しているのである。

五年間で反日デモもこれほど変わった

二〇一〇年一〇月、尖閣諸島の領有権をめぐる反日デモが巻き起こった。今回の反日活動を見ていると、二〇〇五年の騒ぎとは大きく事情が違うと思えてくる。急激な経済発展に伴う社会問題の噴出と不満があることに変わりはないが、前回はそれが北京、上海、深圳など大都市に集中していた。

二〇〇五年の騒動は都会での貧富の格差や矛盾を露呈したもので、地方は無関心であったようだ。当時、大都市ではすでに日本製品が普及していたが、地方ではまだまだ。そして「中国製」が世界に認知され、外資に対抗できそうな一歩手前の状況で、中国人の自信が確信へ変わりつつある段階でもあった。

今回の特徴は、反日活動が地方有望都市の成都《チョンドゥ》、武漢《ウーハン》などに限定されている点である。むしろ、大都市でのデモの動きも伝えられたが、これは政府によって鎮圧されている。政府も配慮しているのである。日本を排斥すれば経済的損失に直結するし、かといって、不満が別の形で政府批判に向かうのも困る。

大都市の中国人の間では「またか」という雰囲気も一部にあった。日系企業とはいっても、働くのはほとんど中国人であり、その恩恵を受けている。困るのは中国人であり、自分で自分の首を絞める行為ともなるのである。ただ、日本向けの商品が税関で差し止めに遭うなど、局所的なトラブルは発生したが、それも大事には至っていない。

そして、富裕層ばかりでなく、一般市民にも余裕と自信が生まれ始めている点は、前回のデモの雰囲気と大きな違いを感じさせられる。

この有力地方都市のデモであるが、もちろん当局公認、お墨つきの行動である。権力闘争だという見方もあるが、今までの中国沿岸都市での経済発展が内陸にシフトし始め、地方で経済の拡大が急加速し、生まれた経済格差が不満の種となっていることは言うまでもない。沿岸大都市への嫉妬や対抗心もあるかも知れない。

沿岸大都市と地方都市を比べると、時間のスピードがまったく違う。今回デモのあった成都は四川省の省都である。肥沃な大地、食は豊富で気候もよく、四川人は非常におっとりしている。女性はしっかり者だが、男性は悠々自適の傾向が強いのも特徴といえる。彼らの暮らしはマイペースである。友人たちとお茶を飲み、トランプをし、麻雀をし、朝から晩までのんびり暮らすのが一般的である。もちろん都会に出てくる四川人となると、話は違うが……。年をとったら四川で暮らしたいという中国人も実は多いのである。

地方都市で日本製品が認知されるまでは、もうしばらく時間がかかるであろう。ましてや、地方の一般の中国人にとって、日本製品は高嶺の花であり、ボイコットする段階にさえ至っていない。よって、彼らは反日による経済的損失を考えるところまで到達していないのではなかろうか。

デモの映像を見ただけで「中国はとんでもない国だ」と、決めつけるのは感心しない。数万人が参加するデモであっても、便乗型の野次馬がほとんどである。中国人の大部分にとっては「あれ、また何か騒ぎがあったみたい」と、話のネタの域なのである。自分に危害が及ばなければば、無関心。一般中国人には「対岸の火事」なのだ。

ビジネス成功の近道は中国人の「心の変化」を読み解くこと

他人にどう見られるか。よい印象を与えるために礼儀正しくする。それが日本的な常識である。恥じらいが美徳となる日本人だからこそ、人目を意識するという行為が生まれる。戦時中、アメリカの文化人類学者は「日本は恥の文化」と定義し、それはつまり、人目がなければ何をしてもいいという意味だと批判したが、よくも悪くも、他人にどう見られるかを気にするのが日本人である。世論が日本人を作っているようにも思えてくる。

一方、まったく人目を気にしないのが中国の庶民である。都会では減少したとはいえ、夏には上半身裸の中国人男性は普通に見かけるし、パジャマや寝巻き姿でコンビニに現れる親子連れも珍しくない。

周囲の目なんて気にしない。我こそが神なのである。カップルたちも大胆で、群衆が行き交う路上でディープキスをしたり、大声で屈託なく会話している。自分たちしか眼中にないのである。

女性の美意識も素朴だ。資生堂やＤＨＣなどのコスメは富裕層に人気が高いが、一般の中国人女性たちにはまだまだ高嶺の花であり、浸透には時間がかかるだろう。化粧をしない中国人女性も華南地方では圧倒的に多い。流行の最先端を行くファッショナブルな上海とは違い、年中「暑い」のも理由であるが、素顔が一番という信仰が生きているし、化粧はメディア関連や夜の仕事の女の子がするもの、という風潮も一部にはある。

仕事中は薄化粧くらいするが、プライベートではスッピンという女性も実は多い。今後、この中国人女性たちが、どのように変わっていくのか。美の意識が芽生えていくのか。他人にどう見られるか、という意識が醸成されていくのか。中国人の心の変化を読み解くことはビジネスのポイントとなろう。

中国ビジネス・成功のヒント

好き嫌いではビジネスは成り立たない。ご近所・中国には最大のビジネスチャンスがあることを認識し、発展途上の課題・問題点だけを見るのではなく、未来を見据えてビジネスする必要がある。

おわりに

死という現実がある。生命の終焉であるが、人間は生まれながらにして死の恐怖と闘っているようにも思えてくる。

どう生きるか、生き残るか？　どのような形で生命を全うするのか？

生存競争が世界で繰り広げられている。

中国は何千年もの歴史のなかで、この「生と死」の生存競争を繰り返してきた。

そこで培われたＤＮＡの闘争は、約一三億人とも一五億人ともいわれる現在の中国社会の至る所で展開されていて、私たち日本人の想像を絶する——。

「官は官なりに、農は農なりに、工は工なりに、商は商なりに」、それぞれが闘争である。

＊＊＊

大消費市場となった中国は確実に自信をつけ、そしてこの成長を持続していくであろう。それくらい、まだまだ未開拓の地も市場も多いのであるが、同時にアンバランスな危うさや環境問題も随所に見られ、これは日本が補完できる大きな優位性でもある。

もちろん都会の急速な発展に埋もれてしまう悩み多き中国人たちも多く、貧困層も日本の総人口以上に存在する。超富裕層の海外大名旅行は今や有名になったが、まだ海さえ見たことがない中国人だって何億人もいる。一人っ子世代のわがままさや耐性の欠如もあるにはあるが、全般にはやはり可能性と元気に溢れている。中国の成長は確実に世界を巻き込み、これからも一喜一憂させていくに違いない。私たち日本人にとっても中国を理解することは、今まで以上に必要とされるのである。

私は中国のビジネス現場では「三現主義」を唱えている。「現場・現実・現象」である。

多くのマクロ経済情報ももちろん参考にはするが、発展途上の中国では変化が激しく、ある種、五感、さらには第六感をも駆使した〝現場感覚〟がより重要になる場面が多い。中国人の声を聞き、彼らのマインドを読み解くこと、そしてスピーディーな判断と決心が求められる。

昨今、日系大手企業ではストライキが多発しているが、経済成長の過程で日本も突き当たってきた同じ課題であり、ある意味では自然な流れである。しかし本編でも詳しく述べたように、中国的かつ突発的に起きるこのような事態は、実のところ、既に導火線が引かれているわけである。

この中国人のマインドを汲み取るような、日ごろからの対話やコミュニケーションを現場レベルで行っておく必要がある。経済成長のプロセスで問題が生じるのは当然だが、未然に防止することも、被害を最小限に食い止めることも可能なのである。

製品・商品を作る品質管理、この分野はこれからも日本の優位な点である。そして販売の品質管理に加えて、中国人のマインドケアやマインドマネージメントも必要な時代になってきたといえるであろう。より一層のカルチャー理解と対話能力が日系企業には求められている。

＊＊＊

国際化という言葉……。

グローバル化という言葉……。

しかし実態としては、日本は真の意味での国際化には大きく出遅れている。もう世界はアメリカだけではない。この呪縛をまず払拭しなければならない。中国、ロシア、インド、ブラジルなどの新興国に加え、多くの国・地域が経済の一体化、ときには政治手法もふんだんにつかって既成事実をつくり、生き残りを懸けてしのぎを削っている。国際経済はきれいごとでは動いていない。だが日本の対応はいつも後手後手である。

特に中国は、私たち日本人の想像を絶するスピードと手段で世界に怒濤のごとく進出している。こうして着々と日本経済の外堀が埋められているという現実に対して、日本はただ指をくわえ、無関心・無気力であるかのようだ。

日本の政治家の声も、私の居るこの中国には届かない。聞こえてくるのは元気な中国人たちのワイワイガヤガヤ、元気に食事をするにぎやかな声だけである。

それが、海外にいる日本人として非常に虚しい現実である。

日本は島国で「武器のない内戦」を繰り広げているかのようだ。島国内での生き残り、叩き合い、誹謗中傷合戦。政治でも、企業内でも、学校でも……。日本の自殺率の高さは先進国随一であり、毎年三万人以上が自らこの世を去るという悲しい現実がある。多くの日本人が病んでいるのが実態であろう。

世界の中で日本は「優等な子羊」なのではと思えてくる。

＊＊＊

日本にもかつて、バブル経済の時代があった……。

海外に進出し、現地の高層ビルを買いまくり、有名企業を買収し、不動産を買い、株式を買い、美術品に至るまで買い尽くした。そして反日的な運動が世界各地で展開された。しかし資本主義経済では、金を持っている者が勝者（優位者）であり、買う権利があるという実態も否めない。それが善か悪かは別にして、である。

だが昨今では、中国や中国系資本が世界進出を強化している。全方位外交（外戦）を展開しているのだ。決して、対日本だけではない。技術や資源の買い漁りは枚挙にいとまがない。拡張、拡大こそ「中国経営維持」には欠かせない。平たく言えば、「内戦」の延長でもある「外戦強化」なのである。

こういう背景を理解しなくてはならない。そして中国が、世界の中心的役割を今後数十年は担うことは間違いないと私は思う。そして、繰り返しになるが、この国をもっと理解・研究する必要がある。中国経済の倒壊は、世界経済の同時崩壊を意味するからである。日本にとっても周辺国にとっても他人事ではない。

二〇一〇年暮れに会ったシンガポール華僑の投資家の言葉を思い出す。

「かつて日本はＯＤＡなどのせいもあって東南アジア諸国との関係は良好だった。皆、ある意味で日本を尊重していた。日本に学ぼうと努力した。でも今はまるで違う。上客はもう日本ではない。中国の方が大きな金を落とす。ましてや中国とは言葉の壁もない。コミュニケーションも容易だし、何より中国は行動が早い。日本のよさは認めるが、将来先細りする日本よりも、中国の市場と組む方が、実利、メリットは絶大だ」

残念だが、このシンガポール華僑の投資家に反論するすべを私は持たない。

日本に求められるのは何より、自信を取り戻すこと、莫大な中国市場には日本の発揮できる優位性はまだまだ多く残されているということである。座して死を待つのではなく、日本がグローバル市場で勝ち残ると決意することが本当に求められている。

そして付け加えるが、相対的に目減りしたとはいえ、日本の良さを認め、日本から学ぼうとしている中国人も数多く存在するのである。

＊＊＊

私がこの本に書いたことは、中国という大世界で私が見聞した事象であり、感じ取ったほんの一部に過ぎない。その経験が、中国を舞台にビジネスを展開しようという日本の方々の理解のお手伝いに少しでもなったとすれば望外の幸せであり、出張先のホテルの一室で深夜、早暁までパソコンと格闘した甲斐もあったと思えてくる。

母校・北京大学の関係各位、日本の政治の舞台、企業で幅広く活躍されている諸先輩各位や同窓、後輩各位、そして、お世話になった多くの中国の恩師、先輩方、友人たち、皆様にこの場を借りて感謝を申し上げます。

最後になりますが、出版にあたり鼓舞ご指導くださった成甲書房・田中亮介氏に心から感謝申し上げます。

◉著者について

高澤真治（たかさわ しんじ）

1972年仙台生まれ。東西冷戦の終結とバブル経済崩壊のさなかに高校を卒業するも日本国内の大学への進学に疑問を感じて中国語を学び、1993年北京大学に入学、国際法・国際関係学を専攻する。1998年の卒業までに数多くの中国エリート師弟、諸外国からの留学生らと親交をむすぶ。1999年オムロン入社、東京勤務を経て香港、上海、北京に駐在して電子部品事業の現地販売体制を立ち上げ、100億円規模の事業に成長させる。2008年、ミスミに転じ、国際マーケティング・現地支援部門に配属（台湾、韓国、インド、東南アジア圏のマーケティングと国内営業開発担当）、金融危機後には中国・広州に華南責任者として赴任し、同社の業績のＶ字回復の立役者となる。2010年、高澤商務顧問有限公司を香港、深圳に設立。中国各地に確立したネットワークを駆使して、中国ビジネスのコンサルティング業務に奔走中。クライアントは大手自動車、家電、電子、ＦＡ部品・部材関連、飲料、総合・専門商社などの日本企業をはじめ、中国系、韓国系、ドイツ系企業など100社を超える。

著者メールアドレス：takasawa@sztbc.net

それでも中国《ちゅうごく》で儲《もう》けなければならない日本人《にほんじん》へ

◉著者
高澤真治《たかさわしんじ》

◉発行日
初版第1刷　2011年3月30日

◉発行者
田中亮介

◉発行所
株式会社 成甲書房

郵便番号101-0051
東京都千代田区神田神保町1-42
振替00160-9-85784
電話03(3295)1687
E-MAIL mail@seikoshobo.co.jp
URL http://www.seikoshobo.co.jp

◉印刷・製本
株式会社シナノ

Printed in Japan, 2011
ISBN978-4-88086-275-0